ADMINISTRAÇÃO REGIONAL DO SENAC NO ESTADO DE SÃO PAULO

Presidente do Conselho Regional: Abram Szajman
Diretor do Departamento Regional: Luiz Francisco de A. Salgado
Superintendente Universitário e de Desenvolvimento: Luiz Carlos Dourado

EDITORA SENAC SÃO PAULO

Conselho Editorial: Luiz Francisco de A. Salgado
Luiz Carlos Dourado
Darcio Sayad Maia
Lucila Mara Sbrana Sciotti
Luís Américo Tousi Botelho

Gerente/Publisher: Luís Américo Tousi Botelho
Coordenação Editorial: Ricardo Diana
Prospecção: Dolores Crisci Manzano
Administrativo: Verônica Pirani de Oliveira
Comercial: Aldair Novais Pereira

Edição de Texto: Adalberto Luís de Oliveira
Preparação de Texto: Thereza Christina Pozzoli
Coordenação de Revisão de Texto: Janaina Lira
Revisão de Texto: Heloisa Hernandez, Karinna A. C. Taddeo
Coordenação de Arte, Projeto Gráfico e Capa: Antonio Carlos De Angelis
Coordenação de E-books: Rodolfo Santana
Impressão e Acabamento: Gráfica Coan

Todos os direitos desta edição reservados à
Editora Senac São Paulo
Av. Engenheiro Eusébio Stevaux, 823 – Prédio Editora
Jurubatuba – CEP 04696-000 – São Paulo – SP
Tel. (11) 2187-4450
editora@sp.senac.br
https://www.editorasenacsp.com.br

© Editora Senac São Paulo, 2023

Dados Internacionais de Catalogação na Publicação (CIP)
(Simone M. P. Vieira - CRB 8ª/4771)

Gurgel, Miriam
Café com design: a arte de beber café / Miriam
Gurgel, Eliana Relvas. – 3. ed. – São Paulo: Editora
Senac São Paulo, 2023.

Bibliografia
ISBN 978-85-396-5004-0 (Impresso/2023)
e-ISBN 978-85-396-5005-7 (ePub/2023)
e-ISBN 978-85-396-5003-3 (PDF/2023)

1. Arquitetura de interiores 2. Design de interiores
3. Cafeterias 4. Gastronomia 5. Café (Preparo)
I. Relvas, Eliana. II. Título.

23-1990g

CDD-725.2
641.877
BISAC ARC007000
CKB008000

Índice para catálogo sistemático:

1. Cafeterias : Áreas comerciais : Arquitetura de interiores 725.2
2. Café : Gastronomia 641.877

A arte de beber café

**MIRIAM GURGEL
ELIANA RELVAS**

3ª edição

Editora Senac São Paulo • São Paulo • 2023

Sumário

Nota do editor 7

Agradecimentos 8

Dedicatória 11

Introdução
O design no universo do café 13

Parte 1. O UNIVERSO DO CAFÉ 21

1. Breve história do café 23
O café no Brasil 25

2. Baristas e latte art 29
Baristas 29
Latte art 32

3. Métodos de extração de café 35
Café espresso 36
Café filtrado 38
Outros métodos de preparo 43

4. Xícaras, mugs, taças ou copos? 53
Porcelana: o material mais indicado 54
Xícaras 54
Mugs 58
Taças e copos 58

5. Os cinco sentidos: avaliações sensoriais dos cafés 61
O papel dos cinco sentidos 62
Avaliações sensoriais dos cafés 64
Café com leite 66
Café com açúcar ou adoçantes 69

6. Harmonizações e combinações clássicas e exóticas 75
Cafés e queijos 76
Café e chocolate 79
Café e bebidas alcoólicas 82
Café com frutas 88
Outras combinações 88

7. Equipamentos básicos de uma cafeteria *91*
    Torradores 91
    Expositores de grãos 95
    Moinhos de café 96
    Máquinas de café espresso 101

Parte 2. O DESIGN E O ESPAÇO *111*

8. A cultura das coffee houses e/ou dos coffee shops e a teoria dos *terceiros lugares 113*
    Design multissensorial, atmosfera e a nova tendência 120

9. Coffee house, cafeteria, coffee shop, coffee bar, espresso bar, cafés, bar ou bistrô? *125*
    Coffee house 125
    Coffee shop 128
    Coffee bar ou espresso bar 130
    Cafés e bares 132
    Bistrô ou sidewalk café 132

10. As *ondas* das cafeterias: a evolução dos *terceiros lugares 135*
    A primeira onda das cafeterias: as coffee houses tradicionais 135
    A segunda onda das cafeterias: as grandes redes de cafeterias 156
    A terceira onda das cafeterias 166
    A terceira onda e as cafeterias com propostas diferenciadas 180
    A terceira onda e as cafeterias temáticas 187
    Café ou loja? Loja ou café? 194
    Ambientação nos coffee shops 197
    O design mais de perto: o Metropolis Old City Café 203

O futuro dos coffee shops *209*

Anexos *215*

Bibliografia *219*

Créditos das imagens *222*

Sobre as autoras *223*

Nota do editor

Saborear um café num ambiente pensado para isso é uma experiência bastante envolvente: luz, sombra, cheiro, xícara, uma tênue fumaça... todos os sentidos. Pode ser rápida, como exige o dia a dia, ou pausada, elegante, fluida, ficando apenas como o pano de fundo de uma boa conversa.

Elemento fundamental nessa experiência é o design, em tudo: da organização do ambiente ao desenho da xícara; do público usuário ao modo de servir a bebida. Forma criativa de propor hábitos ou comportamentos, o design consegue transformar ambientes, suscitar climas, despertar sensações e, associado ao prazer do café, as cafeterias ou coffee shops têm sido escolhidos como o lugar de lazer, descontração ou mesmo como ambiente de trabalho.

Atmosfera é a palavra, e é isso que *Café com design: a arte de beber café*, de Miriam Gurgel e Eliana Relvas, busca oferecer. Lançamento do Senac São Paulo não só ao amante e apreciador do café, mas também às pessoas interessadas em arquitetura, em design ou no estudo das mudanças de hábito propostas por esses espaços.

Agradecimentos

especiais a: Adria Harper, Marketing & Communications Manager do Dome Café Group (Austrália); David Donde, proprietário do Truth. Coffee Roasting (Cidade do Cabo, África do Sul); Gareth Sobey, do Industry Beans Coffee (Melbourne, Austrália); Gustavo Mourtada, proprietário do Café Container (Campinas, Brasil); José Olympio Motta (São Paulo, Brasil); Marco Lucchi, arquiteto do Caffè Pascucci (Itália); Mario Pascucci, CEO do Caffè Pascucci (Itália); Martina O., Consumer Service da A. Loacker AG/SpA (Itália); Natalie e Garry Goodall, proprietários do Pet Lovers Café (Perth, Austrália); Nathan Toleman, proprietário do Top Paddock Café (Melbourne, Austrália); Nóra Fetter, Senior Client Executive do New York Café (Budapeste, Hungria); Roberta Gonçalves, Turismo e Reservas, Confeitaria Colombo (Rio de Janeiro, Brasil); Stacie Wood, PR Executive do Costa Coffee (Reino Unido); Suzy Pavlov, do Brunswick Foodstore (Melbourne, Austrália); Veronika Pekarkova, Food & Beverage Coordinator do Café Imperial (Praga, República Tcheca).

E também aos proprietários e à equipe dos cafés: Abbey Road Café, Aida Café, Al Bicerin, Brûlerie St-Denis, Brunswick Food Store, Café Carioca, Café Louvre, Café Patricia, Caffè degli Specchi, Caffè Meletti, Café Santo Grão, Caffè Tommaseo, Caffè Torino, Confetteria Baratti & Milano, Empório Fasano, Filodrammatica Bookshop Café, Kavárna Obecní Dum, Kavárna Slavia, Metropolis Old City, MiaGola Caffè, Palainovka, Spill the Beans, The Barn Roastery e The Coffee Box.

Ah! Que saudade me dá
Ah! Que saudade me dá
Do bate-papo
Do disse me disse
Lá do Café Nice
Ah! Que saudade me dá

Geraldo Nunes, Artúlio Reis e Monalisa,
"Memórias do Café Nice".

Café Nice, o *terceiro lugar*
de muitos brasileiros!

Dedicatória

Desde que comecei a trabalhar com café, em 1996, muitas mudanças aconteceram com essa bebida, e, a cada desafio que tenho vivido em minha carreira, esse grão me faz enxergar de maneira nova e aprender mais a cada dia.

O café é para mim uma fonte de realização, conhecimento e desafios diários!

Obrigada, café, por me permitir compartilhar momentos e conhecimentos com as pessoas que conheço nesta viagem chamada *vida*!

À minha família, aos amigos e à minha parceira deste livro, Miriam, que tiveram tanta paciência comigo!

Eliana Relvas

Foi há mais de 15 anos que tomei meu primeiro café "no copo grande", no Starbucks de Los Angeles. Era um ambiente bastante agradável e ainda desconhecido para mim. Sentei, abri o livro que carregava e fiquei lendo – vivendo uma experiência que, anos depois, faria parte do meu dia a dia!

O mais interessante é que estava indo para a Austrália, onde, em Perth, ouvi pela primeira vez a palavra "barista" e soube dos diferentes cursos desenvolvidos pela indústria do café, que buscava aperfeiçoar cada vez mais os profissionais da área.

Hoje, após muitos quilômetros rodados para a maior pesquisa de campo que já fiz, inúmeros cafés saboreados, muitas dores de estômago, e depois de ter aprendido tanto... aqui estou, escrevendo sobre a história das cafeterias e do design que utilizam, e mais uma vez lembro-me de uma das minhas frases favoritas, dita pelo meu pai: *"A gente nunca para de aprender; se pensa que aprendeu tudo, é porque não entendeu nada!"*.

Ao meu marido, Matt, sem o qual nenhum quilômetro teria sido rodado e nenhum sonho realizado!

Miriam Gurgel

INTRODUÇÃO

O design no universo do café

Design é um processo criativo que deve ser praticado de forma consciente pelos profissionais das áreas de criação. Normalmente, todos nós aplicamos, de modo inconsciente, alguns princípios do design no nosso dia a dia quando, por exemplo, arrumamos uma cadeira que não está centralizada em relação à mesa ou reorganizamos uma coleção de objetos disposta sobre uma mesa, etc.

Esse processo busca, por meio de seus elementos (espaço, linha, textura e padronagem, forma e contorno, luz e cor) e princípios (equilíbrio, ritmo, harmonia, unidade, escala e proporção, contraste, ênfase e variedade), alcançar um objetivo preestabelecido, com uma função específica, de modo funcional e esteticamente eficaz.

Parece complicado, mas na realidade não é.

O design sempre foi e ainda é um dos elementos mais importantes no projeto de estabelecimentos comerciais. É um componente criativo que, corretamente trabalhado, terá a capacidade de transformar ambientes internos e externos em locais totalmente diferentes e inusitados. Por sua capacidade de induzir comportamentos, despertar sensações e condicionar movimentos, é peça-chave no projeto de *terceiros lugares*, como veremos mais adiante, na segunda parte do livro.

Na maioria das vezes, não é bem por acaso que somos atraídos para dentro de um estabelecimento comercial. Pode ter sido a iluminação propositalmente mais forte na parede do fundo que nos fez olhar para dentro e ver alguma coisa que nos interessou. Pode ter sido a música, o cheiro, as cores, enfim, qualquer truque utilizado pelo designer que chamou nossa atenção e aguçou nossa curiosidade.

Os materiais, a iluminação, o mobiliário e a distribuição dos ambientes, entre outros detalhes do design, irão formar uma atmosfera que poderá estimular, "por baixo do pano", o comportamento, as sensações, e até mesmo fazer uma seleção "natural" de seus frequentadores.

No caso dos coffee shops, dos cafés ou das cafeterias, o design poderá servir, por exemplo, para estimular a fome, inibir a entrada do público indesejado ou criar uma atmosfera relaxante e acolhedora, fazendo com que os consumidores se sintam pertencentes àquele espaço.

Quando entramos num ambiente comercial e sentimos o que sentimos, não é por acaso, mas, sim, resultado de uma opção do designer e da marca muito bem pensada e trabalhada.

Além dessa influência sobre as pessoas, podemos usar o design para alterar visualmente as características físicas de um ambiente. No caso de uma área muito pequena para um café, paredes brancas ou de cores claras ajudarão a ampliar visualmente o espaço. Quando o pé-direito é muito alto e as tubulações aparentes, podem-se pintar o teto e as tubulações de preto e fazer tudo "desaparecer" (como veremos nos exemplos de cafeterias da *terceira onda*, no capítulo 10, "As *ondas* das cafeterias: a evolução dos *terceiros lugares*"). Os truques que podem ser usados pelos profissionais da área são inúmeros, e o consumidor comum não os percebe: simplesmente gosta ou não do visual final.

A arquitetura e o design de interiores teriam criado no passado a atmosfera necessária para que as conversas, os bate-papos e as discussões sociopolíticas que precederam vários momentos históricos importantes acontecessem dentro das coffee houses, ou seja, dentro dos locais em que se bebia café.

O design pode e deve ser aplicado em todos os componentes do universo dos cafés, das cafeterias, das coffee houses, etc. Em cada um deles o design deverá ser fortemente atuante para conduzir os consumidores em uma viagem estética, degustativa, olfativa e auditiva.

O design no cafezinho, nas bebidas à base de café e em seus contentores

» É responsável pelo visual das bebidas à base de café servidas em casas especializadas. Uma boa apresentação é fundamental.

» Está presente na composição das camadas da bebida, no desenho feito na espuma do leite e na mistura dos sabores acrescentados ao café *espresso*.

» Complementa o visual das bebidas com xícaras, copos, *mugs* (canecas), taças ou quaisquer outros contentores, desenvolvidos especificamente para cada tipo de bebida.

Nada mais gostoso do que ser bem servido numa cafeteria e receber uma bebida elaborada, com a sensação de ter sido preparada especialmente para você.

Com a *latte art* em voga no trabalho e na dedicação dos baristas, essa parte do design tende a se fortalecer cada vez mais. Trata-se de uma composição com cores, linhas, formas, volumes, etc. (ver capítulo 2, "Baristas e *latte art*").

Os designers que criam os contentores – ou seja, xícaras, copos, *mugs*, bules, pires, etc. – também são responsáveis pelo bem-estar dos consumidores, já que, além de visualmente atraentes, esses elementos devem ser necessariamente práticos e ergonômicos.

O maior e o mais comum dos problemas gerados pela falta de praticidade e ergonomia é uma xícara com asa inadequada, ou seja, ou muito grande, ou muito pequena. Uma asa grande faz a xícara escorregar dos dedos, já uma asa pequena pode tornar impossível o ato de levantar a xícara. Portanto, antes de serem consideradas modernas, interessantes, ou, até mesmo, fantásticas, as xícaras devem ter um design eficiente quanto às suas funções de não queimar os dedos e de serem facilmente levantadas e conduzidas à boca.

O design na seleção e composição dos grãos e na escolha dos equipamentos

» A seleção e a combinação de diferentes grãos para criar um café especial, com gosto diferenciado e de boa qualidade, também é um processo criativo, podemos até dizer que tem muito a ver com o design. Criar um aroma, uma essência ou um paladar não é um processo simples ou fácil, já que requer conhecimento e aprendizado (ver capítulo 2, "Baristas e *latte art*").

» Os equipamentos – desde as máquinas de torrar grãos (torradores) até os artefatos para fazer um bom café filtrado – são verdadeiras obras de design, e acabaram se transformando em objetos de desejo dos apreciadores de um bom café, graças à tecnologia, aos materiais, às cores, às formas e à criatividade dos designers que os criaram (ver capítulo 3, "Métodos de extração de café").

Design é, e deve ser, um processo consciente quando executado por profissionais. Os baristas são profissionais altamente capacitados para selecionar os grãos e criar diferentes cafés especiais. Cada composição contendo grãos de boa procedência e em proporções diferenciadas produzirá um sabor, um aroma particular que será a marca registrada das cafeterias.

As máquinas de *espresso* revolucionaram o mundo do café; a *macchinetta*, cafeteira produzida por Bialetti em 1933, levou o café de qualidade tipo *espresso* para dentro de quase todas as casas italianas, e ainda hoje é difícil encontrar um italiano que não a tenha na cozinha. As cafeteiras se espalharam pelo mundo, e agora são objetos de desejo para consumidores dos mais diferentes países.

Os constantes avanços da tecnologia, aliados à criatividade dos designers de produto, não param de oferecer opções de novos equipamentos, desde artefatos de grande porte até os mais compactos. Dessas novas criações têm surgido novas formas de extração do café, o que faz movimentar o mercado das cafeterias.

O design nos pontos de venda e serviços (cafeterias, cafés, etc.)

» É o responsável por criar a atmosfera desejada e necessária para que o público-alvo, ou seja, aquele escolhido para frequentar o local, sinta-se à vontade, engajado, pertencente ao *terceiro lugar* que busca.

» Pode alterar as dimensões visuais do ambiente, dar caráter formal ou informal, induzir um determinado comportamento, ajudando a aumentar o consumo no estabelecimento, criando um espaço diferenciado, de modo a atrair o interesse do público consumidor.

» Facilita o reconhecimento visual de redes de cafeterias, ao criar um *brand*, ou seja, uma referência ou um padrão espacial, uma marca imediatamente reconhecível por diferentes culturas.

McDonald's nunca foi sinônimo de café. Entretanto, em meados dos anos 1990, seguindo e buscando "roubar" parte do sucesso alcançado pela rede Starbucks, o McDonald's criou o McCafé, aderindo assim à tendência mundial das cafeterias, que atraía milhares de novos consumidores.

O novo visual da cadeia de lanchonetes começou a ser repensado em 2006, depois de três décadas sem grandes alterações nas características espaciais ou visuais da rede. Mas foi só a partir de 2011 que a mudança realmente começou. O McDonald's mudou de cara, com a escolha de cores menos vibrantes, cadeiras mais confortáveis, iluminação diferenciada e a criação de ambientes especialmente desenhados para públicos distintos. Exemplo disso é a loja do McCafé em Faenza, Itália, mostrada na foto.

Com um esquema de cores que enfatiza o marrom dos grãos de café, o McCafé procura fazer o consumidor se esquecer da pressa

inicial do *fast-food* e faça dele o seu *terceiro lugar*.

Na nova rede de cafeterias, todas as bebidas à base de café são preparadas por baristas, e vão de um simples *espresso* a combinações como o *caramel latte macchiato*.

A busca de novos consumidores e a divulgação dos produtos oferecidos pelo McCafé fizeram a nova rede de cafeterias oferecer o *café gourmet take away* (*café gourmet* para viagem), preparado por baristas e anunciado como a melhor opção para quem tem pressa e não abre mão de um bom café.

1. Breve história do café

O café, bebida popular no mundo inteiro pelo prazer que proporciona a todos que o consomem, tem uma história entremeada de encantadoras lendas e mitos, os quais nenhuma literatura esclareceu plenamente.

Segundo alguns relatos, a origem da palavra "café" vem de Kaffa, nome de uma província da antiga Abissínia (Etiópia). Outros discordam, afirmando que a palavra vem do árabe *qahwah, qahua* ou *qahwa*, que significa "vinho", derivada do turco *kaveh*. De todo modo, a palavra acompanhou a expansão da bebida mundo afora, já que

muitos países, ao aderirem ao hábito do café, também a adotaram em suas línguas, mantendo certa semelhança fonética com o vocábulo original, como nos exemplos a seguir:

- » português, espanhol e francês – *café*;
- » italiano – *caffè*;
- » inglês – *coffee*;
- » alemão – *Kaffee*;
- » vietnamita – *cà phê*;
- » sueco e norueguês – *kaffe*;
- » esloveno – *Kava*;
- » finlandês – *Kahvi*.

Historicamente, a Etiópia é considerada o berço do café, já que algumas tribos da região tinham o hábito de preparar uma infusão com as folhas do cafeeiro, para lhes dar energia.

Várias lendas cercam as origens do café. A mais famosa e conhecida é a do pastor Caldi, que percebia uma inquietação em seus animais sempre que consumiam os frutos vermelhos dos arbustos. Com o tempo, esse relato foi adquirindo fama entre as pessoas, e passou a ser citado em praticamente todos os livros sobre café.

Outra lenda interessante é a de Omar, um árabe que foi expulso da cidade de Moca (na Arábia) por seus inimigos, que o abandonaram no deserto, sem a mínima condição de sobreviver. Omar procurou resistir naquele lugar inóspito, alimentando-se de raízes, tubérculos e pequenos animais; contudo, ia ficando cada vez mais fraco. Até que um dia, ao perambular quase moribundo pela região, encontrou um arbusto carregado de frutos vermelhos, os quais resolveu experimentar. Depois de prová-los, começou a se sentir melhor, mais revigorado, e percebeu que eram eles a causa de seu novo ânimo, de sua vontade de viver. Então, colheu alguns frutos e rumou para Moca, onde todos o julgavam morto. Diante dos olhares surpresos dos habitantes, Omar apresentou os frutinhos, atribuindo-lhes o poder de terem salvado sua vida. A partir de então, graças ao café, Omar ganhou a admiração e o respeito de todos da cidade.

A influência dos árabes e dos turcos otomanos na história do café é fundamental para entender o desenvolvimento dessa bebida até os dias atuais. Os árabes muçulmanos é que começaram a prepará-lo na forma de bebida, como opção de bebida sem álcool a ser usada nas cerimônias religiosas. Com o tempo, o café perdeu o cunho religioso e passou a ser consumido em ambientes mundanos da elite, e os lugares que o preparavam eram vistos como locais de pessoas respeitáveis.

Na Europa, o café como bebida foi introduzido no século XVII, após a Batalha de Viena, como herança do Império Otomano, um dos impérios mais longevos do mundo (1299-1922). Outras bebidas quentes, além do café, foram incorporadas nesse período e tiveram boa aceitação, como o chocolate e diversos tipos de chás. Nessa época, também foi levado ao continente europeu, e com igual sucesso, o tabaco. A boa recepção do café por parte dos europeus estava associada não só a suas propriedades curativas e estimulantes mas também a sua capacidade de incentivar a interação entre os apreciadores da bebida.

Com sua política expansionista, o Império Otomano – cuja extensão ia desde o norte da África, passando pelo leste da Europa e pela Turquia, até o Oriente Médio – não deu trégua aos reinos europeus, avançando constantemente sobre suas fronteiras. O uso do café também acompanhou essa expansão. Em 1683, porém, na famosa Batalha de Viena, as tropas otomanas foram contidas e seus soldados tiveram de bater em retirada. Na pressa, deixaram sacas de café para trás.

Os europeus, ao experimentar os grãos, os acharam muito amargos e tiveram a ideia de acrescentar-lhes mel e leite. Essa nova bebida foi batizada de *cappuccino*, em homenagem ao monge italiano da Ordem dos Capuchinhos, Marco D'Aviano, a quem se atribui a criação da bebida.

Durante o século XVII, na Europa, o café era uma bebida cara e sofisticada, consumida apenas pelas elites. Os europeus tinham levado mudas de café para suas colônias da Ásia e América, onde passaram a cultivá-lo, inicialmente para atender a esse exclusivo mercado. Entretanto, a partir de meados do século XVIII, cresceu a produção e exportação de grãos para a Europa, e o hábito de beber café se espalhou entre as camadas populares, que substituíram no desjejum a cerveja e a farinha pelo café e pelo pão. Essa bebida popular era mais diluída e de sabor amargo, e em alguns lugares, como na Alemanha, era substituída por produtos alternativos (como chicória, por exemplo).

O consumo do café com açúcar, no final do século XVII, foi uma inovação na forma de se degustar a bebida. Nessa época, com a maior disponibilidade de açúcar e a introdução de bebidas exóticas no continente, entre elas o café, o europeu passou a viver novas experiências gustativas, como a de acrescentar açúcar ao café, aos chás e ao chocolate, a fim de reduzir o amargor dessas bebidas e torná-las mais agradáveis.

Já o costume de servir café acompanhado de água surgiu no século XVII nas primeiras cafeterias de Viena, onde a bebida vinha servida numa bandeja de prata com um copo de água.

O café no Brasil

"O café foi introduzido no Brasil por Francisco de Melo Palheta, no ano de 1727." Esta se tornou a narrativa oficial em 1927, por ocasião das comemorações do bicentenário da entrada desse grão em terras brasileiras. Entretanto, muitas são as versões que cercam tal narrativa, boa parte delas sem comprovação histórica.

O que se sabe historicamente é que o sargento-mor Francisco de Melo Palheta, brasileiro nascido em Belém do Pará, foi à Guiana Francesa em uma expedição representando a Coroa portuguesa. Seu propósito era verificar se a França estava cumprindo o Tratado de Utrecht, pelo qual Portugal e França definiram o rio Oiapoque como limite entre suas duas colônias: Brasil e Guiana. Outra missão de Palheta – essa, não oficial – era trazer de lá as cobiçadas mudas e sementes de café para o Brasil, tarefa um tanto árdua, já que a França mantinha em sua colônia um rigoroso controle da produção cafeeira e uma forte fiscalização das fronteiras.

Palheta foi bem-sucedido em sua empreitada: conseguiu não só resolver a questão territorial, como também trazer para o Brasil as mudas e sementes de café. Se o papel do sargento como introdutor do café em solo brasileiro foi historicamente reconhecido, o mesmo não se pode dizer de algumas versões que se criaram a respeito de como ele conseguiu as mudas e sementes de café.

Segundo a versão romântica dessa história, madame D'Orvilliers, esposa do governador de Caiena, foi seduzida por Palheta e a ele entregou os frutos de café que poderiam ser germinados. Outras versões desse "romance" passaram a circular, umas delas relatando que madame D'Orvilliers presenteou Palheta com um belo ramalhete de flores no qual se camuflavam algumas mudas de café. Outra narra, ainda, que, ao degustar pela primeira vez o café em companhia de madame D'Orvilliers, o sargento elogiou tanto a bebida que ambos foram conhecer os cafezais, ocasião em que a esposa do governador teria colocado alguns frutos em seu bolso, para que ele pudesse experimentá-los mais tarde.

Uma versão mais realista dá conta de que Palheta teria adquirido com seus próprios recursos as mudas clandestinas de um agricultor e, posteriormente, teria pedido à corte em Lisboa o reembolso do dinheiro investido.

Versões à parte, o fato é que a entrada desse grão em território brasileiro mudaria definitivamente o destino do país.

Em 1760, o café chega ao sudeste da Colônia: no Rio de Janeiro e, esparsamente, em São Paulo. Com a vinda da família real para o Brasil e a abertura dos portos em 1808, houve mudanças no comércio de exportação e importação, e percebeu-se o grande potencial econômico do café, que foi escolhido como principal produto de exportação. A partir de 1822, com a proclamação da Independência, o café exerce um papel cada vez mais central no crescimento do país. Nessa época, a economia cafeeira já havia adquirido tanta importância que um ramo de café foi incorporado ao escudo das armas do Império, por sugestão de José Bonifácio de Andrada e Silva.

Em 1830, o cultivo do café havia se expandido a ponto de se tornar o primeiro produto da balança comercial brasileira, e o país caminhava para ser o maior produtor mundial de café, condição que mantém até nossos dias. Para suprir a necessidade de braços na lavoura cafeeira, inicialmente o país recorreu à mão de obra escrava, e, depois, incentivou a vinda de imigrantes, principalmente europeus.

Entre o Segundo Império e a República Velha, a expansão da cafeicultura resultaria no poderio econômico dos barões do café, responsável pelo desenvolvimento e crescimento das províncias produtoras – especialmente São Paulo. Esse progresso se traduziu, entre outras coisas, na construção de ferrovias para escoar a produção, no aumento da imigração, na urbanização e no surgimento de novas cidades, na expansão da classe média e na diversificação dos investimentos.

Nessa época, a economia cafeeira também estimularia a cultura e as artes, particularmente em São Paulo. Entre os exemplos, estão: o desenvolvimento da imprensa, com a criação de numerosos jornais e revistas; a construção de obras arquitetônicas, como o edifício da Bolsa Oficial de Café em Santos (hoje Museu do Café Brasileiro); e o advento da Semana de Arte Moderna de 1922, ponto culminante das manifestações artísticas do período.

Muitas associações foram criadas para garantir os interesses do setor cafeeiro: Associação Comercial de Santos – ACS (1871); Bolsa Oficial do Café (1914); Sociedade Rural Brasileira – SRB (1919); Conselho Nacional do Café – CNC (1931); Instituto Brasileiro do Café – IBC (1952), entre outras.

No entanto, a queda da Bolsa de Nova York, em 1929, e o golpe de Estado de Getúlio Vargas, no ano seguinte, abalariam fortemente as bases da cafeicultura paulista. A superprodução existente, causada pela queda violenta dos preços do café no mercado internacional, teve de ser contida, e muitos cafeicultores perderam suas posses, foram obrigados a vender suas fazendas ou a diversificar seus investimentos em novos plantios, como algodão, milho, amendoim, etc. A economia cafeeira muda de mãos; é o fim da supremacia dos barões do café.

Getúlio Vargas, ao assumir o poder em plena crise, comprou o café excedente no mercado, criou taxas para exportação, impostos para novos plantios de cafezais e promoveu a troca de café por trigo americano. Além de todas essas medidas, Getúlio encomendou a uma empresa suíça que desenvolvesse uma maneira de aumentar o tempo de consumo de café – e assim foi desenvolvido o café solúvel, em 1937. Dois anos mais tarde, outro fator iria novamente interferir na economia cafeeira: a Segunda Guerra Mundial, que se estenderia até 1945.

Após a guerra, os preços do café são liberados, a Europa torna a comprar e consumir, e o produto volta a ser valorizado. Instala-se a primeira empresa de café solúvel, em 1953, e a partir dessa data o Brasil passa a ser o maior produtor e exportador desse produto pelo mundo. O Brasil continuou como primeiro produtor mundial, mas as regiões cafeeiras do país foram mudando de localização, e o café começou a ser plantado em Minas Gerais.

Atualmente, os principais estados produtores de café no Brasil são Minas Gerais, Espírito Santo e São Paulo. Outros estados, como Rondônia, Bahia, Paraná, Goiás, Rio de Janeiro e Pernambuco, também o produzem, porém em menor escala.

O "Cafés do Brasil" é símbolo de qualidade em todo o mundo e sua saca tem sido utilizada como componente do design de cafeterias em diferentes países, quer revestindo peças de mobiliário, quer em sacas expondo o café. A marca do café brasileiro faz menção de que ali se saboreia um café de qualidade. Algumas cafeterias *roast in-house*, isto é, que torram os grãos no local, costumam expor sacas abertas de café brasileiro, como indicação de que comercializam um produto de excelente procedência.

2. Baristas e latte art

Para trabalhar com café tem que se apaixonar, afinal é uma bebida cheia de histórias, que envolve desde os produtores mais simples dos países pobres aos consumidores mais exigentes pelo mundo. Por ser uma bebida consumida mundialmente e por ter muitas formas de preparo, que variam segundo a cultura de cada país, o barista precisa ter um conhecimento vasto sobre várias áreas, como história, geografia, agricultura, física, química, hábitos de consumo, etc. Um barista dedicado e apaixonado sempre busca servir, conquistar e encantar seus clientes, e uma das formas de encantamento são os desenhos feitos com o leite no momento de servir uma xícara de café. Para fazer a *latte art* com maestria é necessário muita dedicação, treino e determinação.

Pode parecer simples, mas derramar o leite formando imagens é só para quem é apaixonado pela profissão.

Baristas

Em meados dos anos 2000, a valorização dos profissionais da área de café – os chamados "baristas" – tomou um novo rumo com a criação do campeonato mundial de baristas pelas associações de cafés especiais Specialty Coffee Association of America (SCAA) e Specialty Coffee Association of Europe (SCAE), que se unificaram em janeiro de 2017, tornando-se Specialty Coffee Association (SCA).

Paralelamente, o trabalho de profissionais e estudantes que antes estavam apenas de passagem pela área de café acabou se consolidando capela aquisição de mais profissionalismo, fazendo com que os holofotes se dirigissem para o cenário mundial do café.

Em função do nível cada vez mais alto dos competidores, as regras do campeonato foram mudando, e os juízes passaram por treinamentos a fim de se tornarem capacitados para julgar tecnicamente os cafés apresentados.

Para poder participar do campeonato mundial, os baristas devem vencer primeiro os concursos regionais dos países que estão representando. Para o campeão, as portas do mundo do café são abertas; para os não vencedores, resta o palco que é a cafeteria ou os coffee shops, onde podem exercer seu profissionalismo e criatividade. De fato, ali se encontram baristas cada vez mais apaixonados e dedicados à profissão.

Saber tirar um café com perfeição ou escolher acertadamente o tipo ideal e o método de preparo torna o barista um profissional diferenciado no mercado. Sua presença é fundamental em uma cafeteria ou em um coffee shop moderno.

O ato de saborear um café torna-se mais interessante quando o barista explica que tipos de aromas e sabores podem ser percebidos em uma xícara da bebida.

Uma das principais atividades do barista consiste na escolha dos grãos de cafés a serem preparados e servidos aos clientes. Algumas cafeterias torram seus próprios grãos e fazem suas próprias combinações (*blends*), enquanto outras optam por trabalhar com marcas conhecidas, que fornecem, além dos grãos, diversos itens que vão desde ingredientes até objetos de decoração, cuja função é divulgar a marca: açúcares, xícaras, ombrelones, guardanapos, entre outros.

As cafeterias que torram seus próprios cafés geralmente colocam muitas informações sobre eles no rótulo das embalagens: espécies e variedades dos cafés; fazendas produtoras; altitude da lavoura; método de secagem do café na fazenda (seco com a casca, fermentado ou descascado); recomendação sobre as formas de preparo em casa; sabores e aromas encontrados na bebida, entre outras. É uma forma de o consumidor ter mais conhecimento sobre o produto que está comprando, bem como de aproximar os produtores dos consumidores finais. Além disso, o aumento do número de campeonatos de cafés valoriza o trabalho dos produtores, informando sobre seu trabalho e garantindo a sustentabilidade da produção desse café.

Os grãos escolhidos pelos baristas muitas vezes são torrados na própria cafeteria, geralmente em um trabalho de parceria com o mestre de

torra, responsável pelo processo que transforma o café verde ou cru em café torrado.

Cada origem e variedade de café deve ter uma curva de torra adequada e ajustada de modo a extrair para a xícara o que há de melhor no grão. A curva de torra (*roast profile*) pode mudar para melhorar ou ressaltar determinados atributos sensoriais dos cafés. Em termos gerais, uma torra mais lenta terá características de peso e tamanho dos grãos diferentes daquelas de uma torra rápida. O mestre de torra deve combinar com o barista e fazer a melhor curva de torra para os cafés escolhidos para uso na cafeteria. Quando bem-torrado, o café adquire um aspecto visual mais atraente, com grãos mais homogêneos.

Outra competência dos baristas é a apresentação dos *cappuccinos* e *lattes*, preparados com muita delicadeza e criatividade. O barista deve fazer a vaporização correta do leite de modo a formar uma espuma que, dependendo da maneira como é derramada na xícara, cria desenhos que encantam a todos. Essa técnica é conhecida como *latte art*, ou "arte do leite".

Latte art

Latte art é uma técnica precisa, que consiste em usar a espuma do leite para fazer desenhos criativos e elaborados sobre o creme do café

espresso, e transformar um simples *cappuccino* em uma obra de arte. Essa espuma é formada pela vaporização do leite utilizando a haste de vapor da máquina de *espresso*. Muitos fatores interferem na qualidade da vaporização, entre os quais a escolha do tipo de leite, a temperatura que esse leite deve ter no início da vaporização, a escolha das *pitchers* (leiteiras) e o ângulo de saída de vapor da haste da máquina.

Receber um café com *latte art* é sempre muito agradável e, não raro, essa arte é tão delicada que nos encanta.

A vaporização do leite consiste em aquecer e introduzir ar através da haste de vapor da máquina, de forma que fique cremoso e aquecido. A temperatura ideal é 70 °C, já que uma temperatura acima desse valor provoca a fervura do leite, o que deixa a bebida mais rala e muito quente, sendo impossível obter cremosidade ou densidade. Os açúcares do leite ficam mais perceptíveis quando é aquecido à temperatura correta.

Portanto, para fazer uma vaporização adequada, é fundamental escolher o tipo certo de leite, deixá-lo a uma temperatura abaixo do ponto de ebulição e escolher a *pitcher* adequada. O resultado é uma espuma cremosa, brilhante, com textura lisa e bolhas bem pequenas.

Além da vaporização correta, a maneira de derramar o leite na xícara (*pouring*) é uma das etapas mais delicadas na arte dos desenhos,

pois a distância entre a *pitcher* e a xícara, a velocidade com que o leite cai e a quantidade de espuma na xícara são variantes que influenciam na possibilidade de criar os desenhos mais complexos.

Existem várias categorias de *latte art*:
- » as que são feitas apenas com a espuma do leite, como corações, tulipas e rosetas ou a mistura dessas formas;
- » as que usam caldas de vários sabores e utensílios para desenhar. Normalmente, a calda de chocolate é a mais utilizada. Em virtude do contraste das cores e da facilidade de uso, é possível fazer decorações com traços, formando múltiplos desenhos, ou mesmo escrever frases aos clientes;
- » as que utilizam estêncil, que é uma máscara de plástico ou inox com desenhos predefinidos, como estrelas, flores, marcas de empresas. Coloca-se essa máscara sobre a xícara e polvilha-se o ingrediente escolhido, que pode ser canela, cacau, açúcar colorido ou leite em pó. Por sua facilidade de uso, esse é o método mais recomendado para quem não tem experiência em *latte art*.

3. Métodos de extração de café

O brasileiro costuma consumir um café mais concentrado do que os norte-americanos, de modo que em nosso país a torra é um pouco mais escura e a moagem, mais fina, razão pela qual o sabor da bebida resulta mais intenso.

A quantidade de pó a ser usada para o preparo do café varia de acordo com o método de extração a ser escolhido; entretanto, podemos recomendar uma média de 60 a 100 g de pó para cada litro de água fervente.

O café é considerado o carro-chefe das cafeterias em geral. Desde a invenção da máquina de *espresso*, o café não fica mais esperando o cliente, mas é o cliente quem espera o seu preparo.

Por sua praticidade, a máquina é o método mais utilizado para extrair o café, pois evita desperdícios e mantém o frescor da bebida.

Contudo, em alguns coffee shops, além do café de máquina, ou *espresso*, o café coado também está presente. A forma de preparar esses cafés coados tem sido muito explorada no universo dos coffee shops, com o uso de cafeteiras bem diversificadas, desde aquelas de design moderno até as *vintage*, que acrescentam muito charme no momento do preparo. Entre esses equipamentos retrôs, estão a cafeteira Chemex® e a de sifão (também chamada de globinho ou cafeteira a vácuo), das quais trataremos adiante.

Café *espresso*

A ideia de usar o vapor para forçar a água a passar através do pó de café surgiu na segunda década do século XIX, com Louis-Bernard Rabaut. Depois dele, Edward Loysel de Santais apresentou na Exposição de Paris de 1855 uma máquina que usava o mesmo princípio para fazer cafés em grande quantidade. Essa forma de preparo sofreu adaptações e, em 1901, Luigi Bezzera patenteou o primeiro modelo de máquina de café *espresso* na Itália.

O *espresso* é uma forma de preparo na qual a água passa através do pó de café sob pressão de 8,5 a 9,5 atmosferas e à temperatura de 90,5 a 96 °C (195 a 205 Fahrenheit), a fim de que se possam extrair os melhores componentes dos grãos. O líquido escuro, com manchas carameladas, deve ser preparado em um tempo médio entre 20 e 30 segundos. O resultado é um café mais concentrado do que aquele obtido por outro método.

A foto ao lado mostra a preparação do *espresso* no copo dosador. O segredo da extração bem-feita do *espresso* está principalmente:

- » no frescor do grão;
- » na regulagem correta da granulometria do pó de café;
- » na quantidade de pó de café utilizada;
- » na compactação adequada (força e posição corretas);

- » no ato de purgar a água antes de começar o preparo;
- » na ação de encaixar o porta-filtro no grupo da máquina antes de acionar o botão para o preparo da bebida.

A forma com que o líquido chega à xícara já indicará se a bebida foi preparada corretamente. Se chegar com um jato forte e aberto, a extração será baixa; se fluir lentamente e gotejando, a extração será excessiva. O ideal é que escoe na forma de um fio cremoso e contínuo, da cor de caramelo.

Para avaliarmos se um *espresso* foi bem preparado, o creme formado na parte superior deve ser cor de caramelo, liso, brilhante, sem manchas brancas, podendo até apresentar leves manchas rajadas, caso em que é chamado de café "tigrado".

Segundo o Campeonato Mundial de Baristas (WBC – World Barista Championship), o *espresso* elaborado para campeonato deve ter um volume de 30 mℓ de café que pode variar em 5 mℓ, para mais ou para menos, em cada xícara. É o chamado café "curto".

No Brasil, o café preparado com o mesmo método é servido em xícaras de 50 a 60 mℓ, cujo volume é inteiramente completado com café.

Outra forma de servir o *espresso* é acompanhado de uma casca de limão, caso em que é chamado de "*espresso* romano".

Dependendo do volume de água para a mesma quantidade de pó, o *espresso* receberá um nome diferente:

- » *ristretto*: 25 mℓ (Itália);
- » longo: 45 a 50 mℓ;
- » duplo: 100 mℓ;
- » carioca ou americano: 30 mℓ de água quente + 1 café curto (café *espresso* mais diluído).

Café filtrado

Em muitos locais, o serviço de café coado ou filtrado foi o propulsor para a venda de outros tipos de preparo. Os tradicionais botequins são exemplos da importância desse método, que persiste até os dias atuais.

Para atender a um grande volume de clientes e agilizar o preparo da bebida, antigamente as cafeterias e os coffee shops costumavam aquecer a água para o café na parte interna da própria cafeteira, por vezes deixando-a ferver, o que resultava em uma bebida de sabor metálico. Além disso, o café era muitas vezes mantido a uma temperatura maior do que a aceitável, e o longo filtro de tecido permanecia mergulhado na bebida já pronta, fazendo-a ficar em contato com o pó, comprometendo ainda mais o sabor.

Com o tempo, o mercado desenvolveu filtros de papel, melhorando assim a qualidade do café a ser preparado.

COADOR DE PANO

O coador de pano é um método muito usado no Brasil, tanto em residências como em restaurantes e botecos. Feito de algodão ou flanela, o coador deve ser fervido com pós de cafés novos, para eliminar o "gosto" de pano e introduzir o sabor do café, antes de ser utilizado pela primeira vez.

Esses coadores devem ser deixados submersos em água fria entre um preparo e outro, e guardados na geladeira, de modo a evitar que os óleos aromáticos do café rancifiquem e estraguem o sabor da bebida.

MELITTA®

Inventado e patenteado em 1908, é o método mais comum de filtragem do café. Incomodada com o sabor amargo do café e com restos de pó que ficavam na bebida, a dona de casa alemã, Melitta Bentz, fez furos em uma caneca de latão, pegou um papel mata-borrão de seu filho, cortou-o na medida da caneca e colocou uma tampa sobre ele, também furada, para espalhar a água. Estava criado o sistema de filtragem Melitta®. A partir de 1909, depois de ter patenteado esse modelo, Melitta e o marido Hugo começaram a

divulgar e demonstrar pessoalmente o uso do filtro. O começo não foi fácil, mas, após apresentar o método Melitta® em várias feiras pela Alemanha, o sucesso começou a surgir. A empresa crescia e prosperava, até que teve início a Primeira Guerra Mundial. Com a guerra, a empresa enfrentou dificuldades, por causa da escassez de material de qualidade e da proibição da importação de café. Passado esse período crucial, Hugo começou a substituir os antigos porta-filtros de metal pelos de cerâmica. A partir de então, diversas inovações foram introduzidas, aperfeiçoando o método criado em 1908. As vendas aumentaram e prosperaram, estendendo-se para outras áreas. Hoje, a Melitta® é a empresa líder no mercado de porta-filtros e filtros de papel, com diversas unidades produtoras espalhadas pelo mundo.

CHEMEX®

Peter J. Schlumbohm foi um químico e inventor nascido na Alemanha em 1896. Em 1936, mudou-se para Nova York, onde criou e patenteou vários produtos, entre os quais uma chaleira de vidro e uma cafeteira denominada Chemex®, cuja parte superior consiste em um funil de vidro com saída de ar e a porção inferior é formada por um erlenmeyer. Ambos os objetos ficaram muito famosos, renderam vários prêmios a seu inventor e passaram para a história do design, fazendo parte do acervo do Museu de Arte Moderna de Nova York. Em 1956, a cafeteira Chemex foi selecionada pelo Instituto de Tecnologia de Illinois, nos Estados Unidos, como um dos melhores designs modernos.

A cafeteira é feita de vidro para laboratório (borossilicato), tem uma cintura estreita que segura um filtro de papel e uma abraçadeira de madeira com um fio de couro para finalizar. O café passa através de um papel dobrado e, à medida que vai sendo filtrado, escoa para a parte inferior da cafeteira.

Por ser um método de preparo transparente e elegante, a Chemex® tem atraído muito interesse das cafeterias, ou mesmo de restaurantes, nas quais pode compor um charmoso serviço de café.

HARIO V60®

A Hario® é um método de preparo de café filtrado composto basicamente de um porta-filtro que utiliza um coador de papel em forma de cone ou "V". O porta-filtro tem um ângulo de 60 graus, e a abertura em seu fundo é maior, o que facilita a vazão da bebida, deixando-a mais suave e delicada. Além disso, as ranhuras espiraladas de sua parede aumentam a expansão do pó e a velocidade de extração.

Chaleira

Sistemas como a Hario® exigem chaleiras especiais, com um bico que permite o controle

total da vazão e, consequentemente, do volume de água a ser usado, ao contrário de chaleiras convencionais, que permitem a vazão livre e a extração mais rápida dos cafés filtrados. Na página anterior, vemos o preparo do café com a Hario V60® e a chaleira de bico fino e sinuoso.

DRIP STATION

A *drip station* é uma forma de preparar vários cafés filtrados simultaneamente, permitindo que se experimentem vários *blends* ou grãos de origens diferentes.

Produzida em vidro, acrílico ou inox, a *drip station* consiste em um suporte para várias cafeteiras, possibilitando preparos simultâneos na Hario®, na Melitta® ou até em coadores de pano. Por sua praticidade e beleza, esse método de filtragem está se tornando muito comum nas cafeterias, como mostra a foto da *drip station* do Patricia Café, em Melbourne, Austrália.

Outros métodos de preparo

AEROPRESS®

A cafeteira AeroPress® tem sido muito utilizada em novas cafeterias, graças ao sabor final da bebida e ao belo design do utensílio, como podemos ver na foto do Café Container, inaugurado em Campinas (SP) em 2013, que utiliza a AeroPress® entre seus diversos métodos de extração, servindo cafés em xícaras padronizadas com o nome da cafeteria.

Trata-se de um método de preparo criado pelo norte-americano Alan Adler em 2005, que consiste em uma cafeteira composta por um tubo de plástico e um êmbolo. Basicamente, deve-se colocar o pó de café e a água quente dentro do tubo e empurrá-los com o êmbolo (como uma seringa), fazendo com que passem pelo filtro de papel. Esse filtro é colocado no porta-filtro, que fica rosqueado na base do corpo da cafeteira. A AeroPress® pode ser usada de duas formas:

» *método tradicional* – nesse modo de preparo, o filtro de papel permanece na parte inferior da cafeteira. Ao colocarmos o pó e a água quente dentro da cafeteira, a mistura começará a gotejar, como no método de filtragem que usa filtro de papel convencional. A seguir, com a ajuda do êmbolo, pressionamos a mistura de pó e água, até que seja inteiramente filtrada.

» *método invertido* – nessa forma de preparo, a cafeteira é invertida e o êmbolo está totalmente puxado para fora. Coloca-se o pó de café dentro da cafeteira, que está de ponta-cabeça e em contato com o êmbolo. Em seguida, despejamos por cima a água quente e encaixamos o filtro de papel no porta-filtro, que será rosqueado no corpo da cafeteira. Depois, colocamos a cafeteira na posição normal e empurramos o êmbolo a fim de extrair a bebida.

O preparo com a AeroPress® resulta em uma bebida delicada, levemente filtrada sob pressão e que leva à xícara os aromas e sabores dos grãos de café, sem deixar resíduo de pó ou amargor indesejável. É muito apreciada pelos baristas e tem mostrado muita versatilidade nos preparos apresentados em campeonatos mundiais.

FRENCH PRESS OU PRENSA FRANCESA

O método *french press*, ou prensa francesa, foi criado por dois franceses, Mayer e Delforge, em 1852. Popularmente conhecida como "cafeteira francesa" ou "cafeteira-pistão", é composta por um tubo de vidro semelhante a um béquer e por um êmbolo contendo uma tela metálica fina. O êmbolo, ao ser empurrado, separa o pó de café da infusão já pronta.

Para preparar o café de acordo com esse método, é necessário observar os seguintes passos: colocar o pó de café na parte inferior da cafeteira, acrescentar a água fervente e deixar a mistura em infusão por 3 minutos, aproximadamente. Depois disso, pode-se optar por retirar ou não a espuma formada na parte superior, e então empurra-se vagarosamente o êmbolo para baixo, separando o pó de café da bebida pronta. É bom lembrar que, caso se opte por não retirar o pó de café, a bebida tende a ficar com mais resíduos de café em suspensão, o que poderá resultar em uma bebida de sabor desagradável para algumas pessoas.

Esse método proporciona uma bebida uniforme, e a moagem não pode ser muito fina, para não dificultar a separação do pó de café pelo êmbolo.

CAFETEIRA ITALIANA OU MOKA

Patenteada por Alfonso Bialetti em 1933, essa cafeteira tornou-se bastante popular, sendo uma das mais usadas em residências.

No preparo com a Moka, coloca-se água fria no compartimento inferior da cafeteira, de modo que, conforme a água aquece, vai formando vapor sob pressão em seu interior. Esse vapor impulsiona a água para cima, fazendo com que ela entre em contato com o pó e a bebida resultante passe para a parte superior da cafeteira. Nesse método, a pressão interna é maior do que no preparo com coador de pano, originando uma extração mais intensa e encorpada.

É recomendável o uso de cafés de moagens mais grossas, pois as mais finas geram uma extração excessiva, podendo trazer um demasiado amargor à bebida.

KOAR

Método de filtragem criado em Recife, em 2017, pelo publicitário Fernando Sá, pelo engenheiro mecatrônico Filipe Santiago e pela barista Lidiane Santos. O porta-filtro é feito de barro pernambucano, com cores vibrantes e design exclusivo: 16 ondas na circunferência e formato em "V", o que possibilita a fluidez da percolação. A partir de 2019, foram utilizados novos materiais na confecção do porta-filtro, como acrílico e aço inox. Também em 2019, foi criada a Copa Koar, uma competição descontraída para que os baristas participantes pudessem desenvolver receitas exclusivas com o utensílio.

SIFÃO, A VÁCUO OU GLOBINHO

A literatura atribui a invenção desse método tanto ao engenheiro escocês Robert Napier (em 1840) quanto à francesa Jeanne Richard (em 1838). O método utiliza basicamente o vácuo para preparar o café.

O café é elaborado em uma cafeteira composta por dois recipientes de vidro transparente (muitas vezes em forma de globo) separados. Após colocar água na parte inferior, as duas partes deverão ser encaixadas no início do preparo, de modo a formar vácuo, e mantidas em um suporte, sob uma fonte de calor.

No recipiente inferior, coloca-se água fria e encaixa-se nele o recipiente superior, que contém em sua base um filtro para reter o pó. Coloca-se o pó de café no recipiente superior e submete-se o globo inferior ao aquecimento. Quando a água atingir o ponto de ebulição, começará a passar para o recipiente superior, impulsionada pela pressão do vapor, e entrará em contato com o pó de café. A água e o café se misturam, e inicia-se a extração enquanto a fonte de calor estiver em funcionamento. Ao desligar a fonte de calor, a bebida começa a descer para a parte inferior da cafeteira, passando pelo filtro, que retém o resíduo de café já esgotado na parte superior. Delicadamente, deve-se desencaixar os dois recipientes e, a seguir, servir a bebida, que fica no globo inferior da cafeteira.

Graças à transparência da cafeteira a vácuo, a extração da bebida adquire um visual elegante e chamativo. Em cafeterias da chamada *terceira onda* (ver tópico "A *terceira onda* das cafeterias", no capítulo 10), esse método de preparo tornou-se um ritual diferenciado, tanto pela beleza quanto pelo sabor da bebida.

IBRIK

Trata-se de um método de preparo bem antigo, de origem turca, no qual o café não é filtrado. A moagem tem de ser bem fina, e o pó resultante pode ser misturado com açúcar e especiarias, especialmente o cardamomo.

Ibrik, ou *cezve*, é o nome turco dado a uma pequena panela de gargalo estreito e cabo de madeira longo, para não queimar a mão. Recomenda-se colocar o pó de café e a água na panelinha antes de levar ao fogo. Deve-se aquecer em fogo baixo até ferver, e então retirar a *ibrik* do fogo por uns 20 segundos. Retornar ao fogo até levantar fervura novamente e retirar, deixando esfriar por mais 20 segundos antes de servir. Normalmente, as xícaras usadas nesse método de preparo não têm asa.

Nesse método, que também faz parte do Campeonato Mundial de Baristas (WBC), a recomendação de preparo é de 7% a 10% do volume de água em peso de café, ou seja, para cada 100 ml de água, pode-se usar de 7 a 10 g de pó de café.

CAFETEIRA NAPOLITANA

Esse método utiliza uma cafeteira que parece estar de ponta-cabeça durante uma etapa de preparo, porque um bule, que recebe a bebida, fica acoplado ao compartimento inferior, dentro do qual a água ferve. Nesse sistema, a água fervente extrai o café, graças à força da gravidade: assim que a água entra em ebulição, deve-se retirá-la do fogo e inverter a cafeteira, de modo que o bule agora fique embaixo, permitindo que a água possa descer até ele, passando através do pó.

Nesse método, o ideal é usar moagem média.

Guardadas as devidas diferenças de tamanho e extração existentes entre os dois métodos, a cafeteira napolitana é considerada uma espécie de protótipo das máquinas de *espresso* que passam água quente pelo pó de café.

CLEVER®

Nesse método de preparo, denominado Clever Coffee Dripper® – inspirado no sistema de filtro de papel e no da cafeteira-pistão –, usa-se uma cafeteira cujo design é bastante semelhante a um porta-filtro cônico, porém com uma válvula no fundo que mantém a água e o pó em contato pelo tempo que o barista determinar.

O diferencial desse método está em deixar o pó de café (moagem média) em contato com a água quente por um tempo maior, a fim de obter uma extração mais intensa. Primeiramente,

Royal Sifon

Balão de vidro

acondiciona-se o filtro de papel na cafeteira com a válvula ao fundo fechada. Depois de umedecer o filtro com água quente, colocar o pó, a água quente, e deixá-los em contato. Nesse ínterim, alguns baristas acabam mexendo o pó e a água para melhorar o contato.

Passado o tempo necessário, coloca-se a Clever sobre uma xícara. Ao encostar-se na xícara, a válvula inferior se abre, permitindo a passagem da bebida preparada, que desse modo é filtrada e escoada para a xícara.

A diferença entre esse método e a mera filtragem é que na Clever, além da extração pela gravidade (percolação), o pó fica em imersão em água fervente, aumentando a extração dos solúveis do café.

SOWDEN

Esse método foi criado pelo designer anglo-italiano George Sowden, e consiste em uma cafeteira chamada Sowden SoftBrew®, contendo em seu interior um finíssimo filtro cilíndrico de inox, dentro do qual o pó de café é colocado, e a água, derramada por cima dele. Deixa-se o pó em contato com a água pelo tempo necessário (entre 3 e 4 minutos, dependendo da torra), a fim de extrair os sabores e aromas do café. Antes de servir a bebida, retira-se o filtro de metal do interior da cafeteira. Como os furos do cilindro interno são bem finos, a bebida resultante desse preparo fica com muito pouco resíduo de micropó de café.

Esta cafeteira é bem versátil, permitindo o preparo de chás e outras bebidas, frias ou quentes.

EXTRAÇÃO A FRIO

A extração a frio é um modo de preparar extratos de café com água à temperatura ambiente, no qual o longo tempo de contato com o café substitui o calor na extração dos aromas e sabores da bebida. Pode levar muitas horas para que o resultado final fique de acordo com a determinação do barista, chegando a passar de 18 horas.

A extração a frio é diferente do método de preparo de cafés gelados. Para fazer café gelado, é necessário extrair o café normalmente com a água quente e depois colocar gelo na bebida ou levá-la para esfriar. Dessa forma, com o mesmo grão de café escolhido, encontraremos extrações e sabores distintos entre os diferentes métodos de preparo.

Toddy

Criado e patenteado em 1964 pelo engenheiro químico norte-americano Todd Simpson, esse método consiste em deixar o pó de café (moagem grossa) submerso em água fria de 12 a 18 horas em um recipiente de plástico com um filtro na parte inferior. O extrato de café assim obtido é filtrado e usado em bebidas ou diluído em água para preparar bebidas e drinques servidos nas cafeterias.

Nesse método, o tempo de contato entre o pó e a água substitui o calor na extração dos componentes do café. Depois de preparado, o extrato pode durar até quinze dias em geladeira.

Yama®

O sistema Yama, patenteado como Yama Cold Brew Drip Tower®, foi desenvolvido no Japão e consiste em uma torre de extração de café a frio, com recipientes totalmente de vidro.

De acordo com esse método, coloca-se gelo e água no recipiente da parte superior da torre, pó de café no recipiente da parte intermediária e uma jarra para coletar a extração na parte inferior.

O processo de preparo se dá pelo gotejamento da água gelada sobre o pó de café, que deve ser coberto por um filtro de papel a fim de espalhar a água e evitar a formação de um "buraco" no pó, o que resultaria em extrações diferentes ou não homogêneas, pois uma parte dele ficaria totalmente "esgotada"; e a outra, não. Dessa forma, quanto maior a homogeneidade na extração, melhor será o resultado do extrato.

Por esse método, o preparo demora algumas horas e a bebida fica concentrada. Geralmente, o café gelado assim obtido é servido como parte de um drinque ou vendido envasado, para ser diluído e degustado.

4. Xícaras, mugs, taças ou copos?

Os modelos de recipientes usados pelas cafeterias para servir o *espresso*, ou qualquer tipo de bebida à base de café, são parte fundamental do design do estabelecimento.

Na criação do *branding*, ou seja, da "cara" da cafeteria, bem como da marca que ela representará, os pequenos "grandes" detalhes visuais serão altamente importantes, diante de uma variedade praticamente infinita de opções de xícaras, copos, taças e *mugs* (canecas).

Muitas vezes, ocorre que coffee shops desatentos optam por recipientes de forte apelo estético, mas sem nenhuma funcionalidade, o que acaba por prejudicar o ato essencial de saborear a bebida, provocando problemas como a xícara que escorrega dos dedos, a asa da xícara que é muito pequena, entre outros. A escolha do design do recipiente, portanto, deve seguir o perfil da cafeteria, mas antes de tudo tem de ser fundamentalmente prático, ergonômico e de acordo com a bebida que nele será servida.

Exemplo de boa escolha de design, o Caffè Meletti, histórica cafeteria italiana, utiliza em seu serviço xícaras de porcelana personalizadas com seu nome, como nos modelos para café *espresso*, americano (*espresso* com água quente à parte), *caffè latte* e *cappuccino*, mostrados na foto.

Porcelana: o material mais indicado

A porcelana é o material mais indicado para recipientes de café, por sua capacidade de conservar o calor. Já o vidro, o papel e o metal perdem calor rapidamente, por isso não são ideais para manter o café à temperatura adequada. O processo de fabricação da porcelana foi descoberto e desenvolvido na antiga China, e de lá se difundiu para todo o mundo. A própria realeza europeia tinha estampados em suas louças os brasões de família como marca do período em que ocupava o poder. Um modelo bem famoso de xícara é o chamado "casca de ovo", fabricado pelos chineses: de parede bem fina, que lembra a casca de ovo, é decorada com motivos da natureza, como pássaros, flores e ramagens. Embora tornem o serviço de café bastante delicado e elegante, a leveza e a fragilidade desse material impedem seu uso corrente em cafeterias.

Xícaras

A função da xícara no serviço de café é a de conter a bebida para ser levada diretamente à boca. Entretanto, seu formato, peso e tipo de material, ou até mesmo o formato do pires que a acompanha, são elementos capazes de interferir não apenas nesse serviço mas também no processo de criação do *branding*, no qual se define o público-alvo para a cafeteria.

Em certos casos, o uso do vidro na fabricação das xícaras é importante pelo fator "transparência", ao permitir, por exemplo, a visualização da formação do creme do *espresso*.

Outro material utilizado e muito comum no Brasil, principalmente no interior, é a ágata (metal recoberto com esmalte). Graças a seu colorido e à capacidade de manter a temperatura da bebida, as xícaras e canecas de ágata são muito usadas para servir café nas residências.

O formato das xícaras de café tem variado de acordo com a época, a cultura e os costumes. Assim, por exemplo, no tempo dos barões havia xícaras dotadas de proteção para não sujar o bigode dos homens, ou modelos com pés, ou, ainda, xícaras com asas em forma de animais, entre outras.

A evolução das xícaras tem acompanhado a evolução da bebida, e cada serviço de café tem sua xícara predefinida, como se pode ver no modelo sem asas e com detalhes em ouro da foto da página seguinte, próprio para servir o café turco

ou grego. Além disso, pensando em sustentabilidade, tem-se utilizado novos materiais para a fabricação de xícaras e copos, como fibra de bambu e madeira reciclada.

O *espresso*, por sua vez, é servido em xícaras de porcelana mais grossa, cuja finalidade é manter a cremosidade e a temperatura da bebida.

Com o desenvolvimento das máquinas de *espresso*, o serviço de café passou a ser valorizado e, por consequência, também o design e a funcionalidade das xícaras.

A empresa italiana Illy Caffè foi pioneira em desenvolver uma xícara considerada ideal para o *espresso* e, por muitos anos, lançou diversas coleções de xícaras, chegando a convidar artistas e designers para criar coleções exclusivas e inspiradas em temas variados, como filmes e mapas de metrô do mundo; cores diferentes de fundos; asas de diversos formatos; enfim, tudo o que a imaginação dos artistas permitir para criar modelos originais de xícara. Dessa forma, um simples utensílio do dia a dia foi transformado em obra de arte e objeto de desejo até mesmo de colecionadores. O modelo básico é considerado um dos melhores para servir o café *espresso*, tendo se espalhado pelo mundo todo.

Os modelos de xícara se aprimoraram ao longo do tempo, modificando a relação entre altura e profundidade, entre espessura da porcelana e diâmetro da xícara. Constatou-se, por exemplo, que a conservação da temperatura da bebida interfere no aroma e no sabor percebidos pelos clientes.

Desse modo, a escolha do modelo de xícara passou a ser feita em função da valorização das características da bebida. Um modelo de diâmetro muito largo e profundidade mais rasa, por exemplo, leva à diminuição da espessura do creme, podendo deixar visível a parte escura da bebida, o que não é recomendado para um bom *espresso*, que deve ter um creme aveludado que complete toda a xícara, a fim de manter o sabor e o aroma do café. Já a xícara de diâmetro menor e mais profunda melhora a altura do creme, mas, por outro lado, não difunde suficientemente os aromas do café. Xícaras de diâmetros maiores permitem a volatilização mais rápida e mais intensa dos aromas do café.

Nas cafeterias, essa valorização da bebida acabou levando a uma criatividade praticamente ilimitada no serviço de café, tanto que alguns estabelecimentos chegam mesmo a surpreender, servindo café em minitigelas.

Portanto, cada bebida tem características que pedem um modelo específico de xícara, como o *cappuccino*, o café americano e o *flat white* (café com leite com mais café e menos espuma de leite). Para as xícaras de *cappuccino*, a regra de manutenção de temperatura da bebida é a mesma que para as xícaras de *espresso*, porém seu volume é maior, de 150 a 180 mℓ.

Mugs

Mugs ou canecas podem ser utilizados para servir diferentes tipos de café: puros, coados ou com leite. Mas seu uso também se destina à divulgação da marca quando trazem estampados o nome e o logotipo do coffee shop, por vezes acompanhados de frases motivadoras. Podem ser oferecidos como presente ou *souvenir* e até mesmo se tornar objeto de desejo de colecionadores.

Os *mugs* também têm sido muito usados em escritórios, em que cada pessoa deve ter seu próprio recipiente para consumir cafés, água e outras bebidas. Com isso, evita-se o uso de copos plásticos descartáveis.

Taças e copos

As taças e os copos são importantes dentro dos coffee shops. Para as bebidas quentes

como o *moka* ou outros tipos de cafés com leite (*lattes*), são usadas taças chamadas "Bill", ou "mini-Bill", dotadas de alça para não queimar a mão, como na foto do Spill the Beans Café, em Rockingham, Austrália. Algumas cafeterias, entretanto, preferem usar copos grandes de vidro para servir bebidas quentes.

No Brasil, uma forma convencional de servir o café coado nos bares e nas padarias é o copo americano, que, além do baixo custo, não se quebra com facilidade. Esse mesmo tipo de copo é usado para servir o tradicional pingado paulista, que consiste no café coado com um pingo de leite para cortar o sabor amargo desse café.

Os copos descartáveis são muito usados para acondicionar o café para viagem ou em cafeterias que não dispõem de serviço de garçom ou que são locais de passagem, como rodoviárias, aeroportos, etc. Em ambos os casos, os copos são providos de tampas e servem grandes volumes. As versões em plástico são recomendadas para as bebidas geladas e as de papel, para as bebidas quentes, e podem ser usadas com "mangas", que são pedaços de papelão que servem para encaixar os copos de bebidas quentes, para não queimar as mãos.

Alguns coffee shops começaram a aderir à tendência ecológica e sustentável de vender copos de plástico rígido ou de vidro reutilizáveis e dotados de certas características térmicas. Esses

copos podem ser encontrados em diversos tamanhos para atender a todas as opções do cardápio, segundo informa o *site* da KeepCup. As cafeterias oferecem o serviço de refil com desconto no valor do café escolhido.

5. Os cinco sentidos: avaliações sensoriais dos cafés

Ao optarmos por determinado café em uma cafeteria, é importante conhecer todas as etapas de avaliação dos sabores e aromas encontrados nos lotes de cafés escolhidos. Primeiramente, para os provadores de café é feita uma avaliação visual em que os grãos são separados e classificados por tipo, não só pela cor do café cru (verde), como também pelo seu aspecto, como grãos inteiros, imaturos, etc.

Além da classificação visual, é feita uma avaliação de sabores encontrados nas xícaras. Essa avaliação também recebe uma classificação específica, baseada no sabor: os cafés suaves e delicados são chamados de "bebidas moles"; os cafés com certa adstringência, ou seja, que dão uma sensação de secura à boca, são denominados "bebidas duras"; e os que apresentam sabores químicos recebem o nome de "bebida rio".

Já para os baristas, e quando tratamos de cafés especiais, as descrições são mais específicas, nas quais o olfato e o paladar são determinantes para a escolha de *blends* e origens encontrados pelo mundo.

E para os clientes que têm o prazer de degustar uma xícara de café, a percepção do aroma liberado ao moer o grão, o estímulo da visão ao receber uma xícara com *latte art* e o paladar que é surpreendido por cafés do mundo todo são aspectos que influenciam não apenas na escolha dos *blends* mas também de seu coffee shop predileto.

O papel dos cinco sentidos

Os cinco sentidos estão presentes em praticamente todos os momentos do processo de avaliação dos cafés, desde a seleção dos melhores grãos por parte de especialistas até a degustação da bebida pelo cliente. Porque é a partir dos cinco sentidos que são avaliados todos os atributos encontrados nos grãos.

VISÃO

O sentido da visão é fundamental na hora de verificar se o grão apresenta uma cor adequada, dentro dos padrões determinados pela própria curva de torra. Se o grão torrado tem uma tonalidade muito escura de marrom, geralmente a bebida resultará muito amarga; se apresenta a cor de canela, isto é, mais clara, provavelmente a bebida terá uma acidez mais pronunciada.

No preparo do café *espresso*, a visão também é determinante, já que a avaliação do creme do *espresso* pelo barista, e principalmente pelo cliente, é feita visualmente (ver tópico "Café *espresso*", no capítulo 3).

Do mesmo modo, o fator visual, como a coloração, costuma ser fundamental na avaliação dos cafés filtrados: se a bebida final tiver uma cor marrom-clara, muitas vezes permitindo que se veja o fundo da xícara, é considerada um café fraco, conhecido popularmente como "chafé". Para obter uma bebida mais escura, usa-se o artifício de torrar mais os grãos, moê-los mais finos ou acrescentar cafés de variedades que liberam mais cor na xícara, como o robusta. Dessa maneira, a bebida irá adquirir uma cor mais intensa e escura, passando a sensação de corpo e força ao paladar.

AUDIÇÃO

A audição é usada em vários momentos da avaliação do café, seja no início da torra das amostras para a escolha dos lotes a serem usados, seja nas diversas atividades da cafeteria, como a vaporização do leite, a moagem dos grãos, a reposição das xícaras nas máquinas de café, sem falar da própria sonoridade proveniente das conversas das pessoas ou mesmo das músicas e trilhas sonoras escolhidas como um diferencial de cada coffee shop.

Durante a torra das amostras, o café faz ruídos semelhantes a pipocas estourando. Deve-se prestar muita atenção à sequência desses estouros, que chamamos informalmente de "pops". O primeiro "pop" indica que o café está com a cor de torra adequada e que chegou o momento de interromper a torra e fazer a prova de xícara, ou *cupping*, com a finalidade de avaliar a compra da matéria-prima. Esse ponto de torra é usado pelos provadores para fazer a primeira avaliação dos lotes de cafés e a classificação dos sabores de bebidas encontrados nas amostras e verificar se esses grãos serão comprados. Se continuar torrando além desse ponto, o café chegará ao segundo "pop", indicando que é preciso interromper a torra um pouco antes para não queimar os grãos, o que produziria uma bebida de sabor amargo.

Dentro da cafeteria, o som da vaporização do leite (que deve ser bem baixo ou quase inaudível) deve ser algo parecido com um "tsss", quando feita corretamente. Entretanto, alguns novatos encostam a haste de vapor no metal, produzindo um som muito alto e estridente, o que é um sinal de que a vaporização não será correta.

Quanto ao som proveniente da moagem, é sinal de frescor do café e de que a bebida será feita exclusivamente para o cliente no momento do pedido.

Em certas cafeterias que usam xícaras de porcelana e que têm alto fluxo de clientes, existem atendentes que nem sempre são cuidadosos, e chegam a fazer um ruído bem alto ao reporem as xícaras na parte superior da máquina para aquecê-las, o que acaba por provocar desconforto nos clientes.

Alguns coffee shops optam por uma trilha sonora de fundo que faz com que os clientes se sintam acolhidos, além de trazer uma memória agradável a quem frequenta esses locais.

TATO

O tato é um dos sentidos que usamos tanto para perceber diferenças de temperatura (frio/quente) quanto para identificar texturas (liso/áspero) e certas sensações, como a dor. As terminações nervosas responsáveis por essas percepções estão espalhadas pelo corpo todo, como na pele e na língua.

No que se refere ao café, esse sentido é importante para percebermos a diferença de temperatura das xícaras, dos cafés quentes e frios, e para avaliar a qualidade dos grãos a serem comercializados.

Alguns dos principais atributos sensoriais dos cafés são as percepções de corpo e adstringência da bebida. O primeiro, quando presente em um café, traz uma sensação de peso ou viscosidade à boca, sendo diferente dos sabores básicos encontrados no paladar. Quanto mais pronunciado o corpo, mais valorizado é o café. O segundo atributo traz uma sensação de secura à boca. Uma bebida à base de café com muita adstringência é chamada de "bebida dura", segundo a classificação de bebidas dos cafés crus. Quanto menor a "secura" ou adstringência do café, maior é a valorização dos grãos.

Além disso, o tato é importante na verificação da moagem adequada para cada método de preparo. Alguns baristas costumam pegar um pouco do pó com as mãos e, pela avaliação da granulometria do pó de café, fazem o ajuste da moagem.

PALADAR

O paladar é o sentido essencial da degustação do café. Nessa hora, em que a bebida deve ter em média de 60 a 65 °C, os principais atributos a serem percebidos são acidez, doçura, amargor e finalização, ou *after taste*. Na avaliação do café *espresso*, por exemplo, o balanço entre os atributos de doçura, acidez e amargor é fundamental. Eles devem estar em equilíbrio entre si.

O método de preparo da bebida influencia os sabores na xícara. Dessa forma, preparos com maior extração, mais longos, tornam a bebida mais amarga, enquanto preparos mais rápidos diminuem essa percepção, fato que também ocorre com os cafés mais diluídos. É importante levar em consideração que os atributos percebidos pelo paladar sofrem interferência direta da cor da torra, da moagem, da extração escolhida e da quantidade de pó e água.

OLFATO

O olfato é um dos sentidos que mais caracteriza o café, cujos aromas trazem, para muitas pessoas, memórias afetivas ligadas à infância. Para os que trabalham com esse produto, o desenvolvimento do olfato é fundamentalmente determinante na hora de escolher os lotes dos cafés a serem adquiridos pelas empresas.

Os aromas do café são, portanto, muito importantes em todas as etapas de avaliação do produto, desde a seleção dos cafés verdes, como matérias-primas, até os processos da torra e da moagem. Em cada etapa são liberados aromas diferentes. Além disso, na degustação, também se observa a liberação de aromas distintos em diversos graus de temperatura da bebida.

Os cafés de alta qualidade liberam aromas doces e frutados. Tal como um bom perfume, as substâncias voláteis do café têm seu próprio tempo de liberação, de modo que, à medida que a bebida esfria, diferentes aromas são percebidos. Por isso é importante avaliar os cafés percebendo seu aroma quando estão quentes, mornos e frios. Já os cafés com alto índice de grãos defeituosos acabam apresentando aromas não muito agradáveis, que lembram o gosto de remédio ou de queimado.

Avaliações sensoriais dos cafés

O primeiro e fundamental ingrediente em uma cafeteria é o café. Contudo, antes de chegar à mesa do cliente, os cafés passam por avaliações de profissionais ligados às indústrias e exportadoras. São especialistas treinados exaustivamente para as provas de xícara. Essas avaliações ocorrem nas diversas etapas do ciclo de produção, desde a seleção da matéria-prima que foi colhida, passando pelo processamento nas cooperativas ou indústrias e exportadoras, até a escolha do produto final para os consumidores.

Na avaliação inicial, verifica-se, por meio da seleção visual dos grãos e da primeira prova de xícara, a qualidade dos grãos durante a colheita e a pós-colheita, resultando assim na primeira classificação dos lotes de cafés a serem comercializados.

Assim que as indústrias ou exportadoras recebem as amostras de cafés, é realizada uma nova prova de xícara com o objetivo de elaborar os *blends* a serem processados e comercializados.

CLASSIFICAÇÃO DA MATÉRIA-PRIMA

No Brasil, os cafés submetidos à avaliação e destinados à comercialização interna ou à exportação são categorizados de acordo com a Classificação Oficial Brasileira (COB), que determina que o grão deve ser separado fisicamente e classificado conforme a tabela de grãos defeituosos encontrados em uma amostra de 300 gramas.

Além da seleção física dos grãos, é feita a prova de xícara, em que se usa a amostra de café torrada no torrador de laboratório (ou torrador de prova) a um ponto mais claro. Em seguida, o café resultante, que os provadores chamam de "meia-torra", é submetido a uma moagem bem mais grossa e será preparado para a prova. Esse café não é coado, e as amostras são provadas com uma colher. Nessa avaliação, a bebida pode receber as seguintes classificações:

- mole – com mais suavidade;
- dura – com certa adstringência;
- riada – com certo sabor medicinal;
- rio – de forte sabor medicinal.

Outra etapa de avaliação sensorial dos cafés ocorre antes de sua destinação ao consumidor final. Para isso, existe o treinamento de profissionais voltado para a análise sensorial da bebida. Os principais atributos avaliados nessa etapa são: fragrância do pó de café; aroma da bebida; interferência dos grãos defeituosos; corpo; acidez; amargor; adstringência; sabor final (*after taste*); e qualidade global da bebida. Dessa maneira, os cafés são previamente avaliados por categorias de qualidade, cabendo ao consumidor escolher os que mais o agradam.

Com a expansão dos coffee shops e o consumo de cafés diferenciados – chamados de "cafés *gourmets*" –, a escolha adequada dos grãos tornou-se essencial. Vários fatores podem influenciar negativamente a qualidade dos grãos e, por conseguinte, da própria bebida, entre eles a secagem malfeita na pós-colheita e a torra excessiva. Outro fator que influi diretamente no resultado final da bebida é a qualidade da água utilizada no preparo.

Para os cafés especiais, que geralmente são torrados e preparados nas próprias cafeterias, a relação com a sustentabilidade e a rastreabilidade do produto é um aspecto sempre presente. Portanto as novas cafeterias costumam contar com profissionais que conhecem desde os varietais dos cafés, sua origem, seu produtor, seu modo de processamento, até o sabor final encontrado na xícara.

Nessa avaliação, muitas vezes as descrições são equivalentes às utilizadas para os vinhos mais nobres, como as notas de caramelização de açúcares, notas enzimáticas (lembrando frutas) ou de destilados (como condimentados, resinosos ou mesmo carbonizados).

CLASSIFICAÇÃO SCA

Para os cafés especiais, há uma pontuação que é a somatória das notas de atributos definidos pelo Coffee Quality Institute (CQI) e a Specialty Coffee Association (SCA). A faixa de pontuação e a respectiva classificação são determinadas da seguinte forma: abaixo de 80 pontos: o café não é especial; de 80 a 84,99: especial; de 85 a 89,99: excelente; de 90 a 100: excepcional. Essa pontuação tem sido usada para valorizar os cafés especiais em concursos de qualidade pelo mundo todo e na comercialização internacional, além de ser uma fonte de informação importante para os consumidores finais.

Café com leite

Café com leite, um clássico mundial!

O leite é um ingrediente fundamental em uma cafeteria, pois é utilizado nas mais diversas combinações, que vão dos clássicos *cappuccinos* e *lattes* aos drinques à base de café. O café com leite é a combinação mais pedida nas cafeterias do mundo, e cada indivíduo tem uma preferência, desde a mais convencional até as mais personalizadas, como: acrescentar leite frio ao café quente; colocar apenas a espuma de leite sobre o *espresso*; colocar apenas o líquido do leite, sem a espuma. Cada um escolhe a forma de degustar o seu café com leite!

Existem vários tipos de leite empregados nas preparações: integral, desnatado, semidesnatado, sem lactose, evaporado, com mais cálcio, orgânico, pasteurizado, de cabra, de soja, de amêndoas, de arroz, etc. A escolha do tipo de leite deve levar em consideração as necessidades e preferências dos clientes, por exemplo: há o desnatado, para quem quer evitar alimentos gordurosos; o integral, para quem deseja mais textura e doçura na xícara; o de soja, para quem sofre de intolerância à lactose, entre outras.

Para esquentar o leite, as cafeterias costumam usar a haste de vapor da máquina de *espresso*. Nesse procedimento, a haste introduz ar no leite, de modo que ele é aquecido e, ao mesmo tempo, parcialmente vaporizado, formando uma espuma cremosa. O resultado é o leite líquido aquecido e a camada superficial cremosa. Feita de modo correto, a vaporização produz uma espuma formada de microbolhas, de textura brilhante, sedosa e macia. Por sua vez, a vaporização imperfeita, causada pela introdução incorreta do ar, forma uma espuma com bolhas grandes, sem sabor, e geralmente o aquecimento excessivo do leite o torna ralo e igualmente insípido.

A vaporização correta é fator importantíssimo na *latte art*, que consiste na elaboração de desenhos na espuma do leite (ver capítulo 2, "Baristas e *latte art*").

As bebidas convencionais que combinam café e leite são o *cappuccino*, o *caffè latte*, o *macchiato* e o *moka*.

O *cappuccino* é normalmente preparado com igual proporção de café *espresso*, de leite vaporizado e de espuma de leite (ver receita na página seguinte). Alguns coffee shops acrescentam cacau em pó ou canela ao *cappuccino*, embora esses ingredientes não entrem na receita oficial do WBC. Mas existem cafeterias que não abrem mão de criar suas próprias receitas de *cappuccino*, adicionando outros ingredientes como doce de leite, creme de avelãs, brigadeiro, entre outros.

O *caffè latte* ou café com leite difere do *cappuccino* por sua maior proporção de leite: para cada medida de *espresso*, tomam-se duas medidas de leite com mais uma medida de espuma de leite por cima (ver receita na página seguinte). Por conter mais leite, a bebida tem um sabor mais acentuado de leite do que de *espresso*. Pode ser servido em xícara ou em copo de vidro. Essa bebida pode ter muitos nomes, dependendo da região de consumo: "média", em São Paulo, ou "meia de leite", em Portugal.

O *latte macchiato*, ou simplesmente *macchiatto*, é o *espresso* coberto com a espuma do leite, servido em uma xícara pequena de café (60 ml).

Além dessas combinações, há também o *flat white*, um café com leite utilizado na *latte art*, daí a importância da consistência de sua espuma, que deve permitir a elaboração de desenhos (ver receita na página seguinte). Essa bebida, cuja origem seria australiana ou neozelandesa, foi criada para quem não aprecia uma grande quantidade de espuma de leite na xícara. O *flat white*, preparado por experientes baristas, tende a variar um pouco sua apresentação. No início era servido em xícaras grandes, de até 210 ml, e atualmente pode ser preparado em copos de vidro também.

RECEITAS DE CAFÉ COM LEITE

Cappuccino
- ⅓ de café *espresso*
- ⅓ de leite vaporizado
- ⅓ de espuma de leite

Coloque o *espresso* na xícara e derrame o leite vaporizado por cima, deixando cair a espuma. Essa espuma pode ter até 1 cm de altura, do líquido até a borda da xícara. *Nota: essa é considerada a receita clássica de* cappuccino*, que normalmente usa uma xícara de 150 m*ℓ*. Mas, na literatura ou na prática das cafeterias, outras proporções são utilizadas.*

Caffè latte
- ¼ de café *espresso*
- ½ de leite vaporizado
- ¼ de espuma de leite

Prepare da mesma forma que o *cappuccino*, lembrando que, no *cappuccino*, a proporção de café é maior do que no *caffè latte*, em que há mais leite e menos espuma de leite.

Flat white
- ⅖ de *espresso* (*ristretto*) ou *espresso* duplo
- ⅖ de leite cremoso vaporizado (a cerca de 80 °C)
- ⅕ de espuma de leite

Extraia o *espresso* em uma xícara de *cappuccino* (150 a 175 mℓ). Despeje o leite cremoso vaporizado (à temperatura indicada) sobre o café. Por último, adicione a espuma de leite para dar corpo e, com isso, manter o calor e permitir a *latte art*. *Nota: nessa preparação, o sabor do café espresso deve ser marcante quando comparado com o* caffè latte*.*

O *moka* é uma bebida que combina três ingredientes: café *espresso*, leite vaporizado e calda de chocolate – alguns coffee shops substituem a calda por outros ingredientes, como chocolate em pó ou chocolate branco.

Por outro lado, as cafeterias podem acrescentar ou diminuir determinado ingrediente da bebida de acordo com o gosto do cliente, por exemplo, *caffè latte* sem espuma, cafés com mais água quente (americanos), *cappuccinos* somente com espuma de leite, médias (café com leite) mais claras ou mais escuras, mais quentes ou mais frias. Possibilitam, enfim, a customização de cada bebida.

Café com açúcar ou adoçantes

Existem vários produtos destinados a adoçar o café, como o açúcar e os adoçantes, dos quais trataremos a seguir.

AÇÚCAR

O açúcar tem sido em muitos casos um companheiro inseparável do café. A combinação desses dois produtos vem de longa data, já que o açúcar começou a ser consumido em larga escala na Europa a partir do século XVIII, graças à grande produção proveniente das colônias britânicas e francesas. Na época, recém-saído da mesa dos nobres, o açúcar passou a complementar a dieta dos cidadãos comuns, sendo, entre outros usos, adicionado a chás, ao chocolate e ao café, para cortar o amargor típico dessas bebidas.

O grau de amargor encontrado no café depende diretamente da concentração de alcaloides presente no grão, entre eles a cafeína. Por isso, na hora de escolher os grãos, é importante atentar não só para a variedade de café mas também para as características dos grãos: se contêm defeitos ou estão muitos maduros são indicativos de um amargor excessivo. Além disso, outros fatores podem produzir amargor em demasia, como a cor escura da torra, a moagem excessivamente fina ou o método de preparo.

Do ponto de vista da fisiologia humana, a percepção do sabor amargo ocorre em boa parte no fundo da língua e sua durabilidade é mais longa do que a dos sabores doce, ácido e salgado. O sabor doce, por sua vez, é percebido predominantemente na ponta da língua, de modo que, ao bebermos um café adoçado, o primeiro sabor que sentimos é o doce, pois ele "encobre" o amargo, o qual, por ser mais prolongado, só é sentido claramente depois de termos ingerido a bebida. Por isso, muitas pessoas que bebem café costumam adoçá-lo, para não ter de sentir logo de cara o amargor típico da bebida.

O principal açúcar derivado da cana e da beterraba é a sacarose, composta de glicose e frutose. Atribui-se à sacarose o dulçor 1,0, valor de referência usado na comparação com outros açúcares e adoçantes. Da sacarose são produzidos os vários tipos de açúcar que usamos para adoçar o café, como se pode ver a seguir.

ADOÇANTES INDUSTRIAIS OU EDULCORANTES

Na indústria de alimentos, empregam-se muitas substâncias químicas para modificar, preservar, espessar e adoçar os alimentos. São os chamados aditivos alimentares.

Os aditivos alimentares que têm a função de transferir ao alimento o sabor doce denominam-se edulcorantes. Adoçantes são edulcorantes

TIPOS DE AÇÚCAR CONSUMIDOS COM CAFÉ

Refinado	É o mais comum, encontrado na forma de sachês a granel, para ser acondicionado em açucareiros.
Orgânico	Hoje presente em várias cafeterias, seu processo de cultivo não usa agrotóxicos.
Cristal	Com aspecto de grãos cristalizados e de tamanho maior, também é facilmente encontrado no comércio. Por causa da granulometria maior, sua dissolução é mais demorada que a dos açúcares mais finos. Em certas cafeterias, encontram-se "palitos" confeccionados em açúcar cristal, usados para mexer e ao mesmo tempo adoçar o café.
Em cubos	Produzido por prensagem do açúcar, em alguns países são criadas verdadeiras esculturas com os torrões, acrescentando charme à mesa do café.
Mascavo	De cor mais escura, mais fino e de sabor diferenciado, que lembra o melado de cana, combina muito bem com café. Em sua composição, encontramos também cálcio, fósforo e ferro.
Demerara	Açúcar levemente mais escuro que o refinado e o cristal, porém mais claro que o mascavo. Muito usado em receitas, ou mesmo servido em mesas para acompanhar chás e cafés.

Nota: por ser muito fino, o açúcar de confeiteiro tende à maior absorção, razão pela qual alguns fabricantes acrescentam amido a esse açúcar, fato que o torna impróprio para adoçar o café.

que usamos para adoçar o café. Eles são encontrados na forma de líquido ou em pó. Os edulcorantes cujo sabor é mais intenso que o do açúcar são chamados de aditivos edulcorantes intensivos, como o acessulfame-K, o aspartame, o ciclamato, a sacarina e a sucralose.

TIPOS DE EDULCORANTE CONSUMIDOS COM CAFÉ

Acessulfame K	Descoberto em 1967, foi aprovado pelo Food and Drugs Administration (FDA), dos Estados Unidos, em 1988. Em altas concentrações, apresenta sabor amargo e metálico. É usado em conjunto com outros edulcorantes, como a sacarina, a sucralose, o aspartame ou o esteviosídeo (estévia), para aumentar o poder dulcificante.
Aspartame	Descoberto em 1965, acidentalmente. Tem um sabor residual bem longo. Por conter o aminoácido fenilalanina, seu consumo não é recomendado aos portadores de fenilcetonúria (doença hereditária que causa intolerância a produtos que contenham esse aminoácido).
Ciclamato de sódio	Adoçante sintético descoberto em 1937, seu consumo é proibido nos Estados Unidos desde 1969.
Sacarina	Adoçante sintético descoberto em 1878. Deixa um sabor residual desagradável ao paladar, mas é muito utilizado na indústria em razão da sua estabilidade.
Esteviosídeos	Substâncias presentes na estévia cujo sabor, muito doce, deixa um amargor residual. Os guaranis já usavam a estévia para adoçar chás e medicamentos. As folhas dessa planta chegam a ter nove substâncias doces distintas.
Frutose	Derivada das frutas e do mel, e mais doce que a sacarose, é encontrada em lojas de produtos naturais.
Lactose	Extraída do leite e pouco menos doce que a sacarose, é usada em combinação com outros edulcorantes.
Sucralose	Descoberta em 1976, seu uso foi aprovado no Brasil em 2008. Sintetizada a partir da sacarose, a sucralose se sobressai aos demais edulcorantes por não ser absorvida pelo organismo e ter maior poder de doçura.
Maltodextrina	Utilizada para dar volume ao alimento, tem pouco teor de doçura. É usada em conjunto com outros edulcorantes, como a sucralose.

Temos também os produtos naturais, substâncias de origem vegetal quimicamente modificadas para intensificar a doçura, como a estévia (*Stevia rebaudiana*) e a frutose, entre outros.

OUTRAS FORMAS DE ADOÇAR O CAFÉ

Além do açúcar e dos adoçantes, outros produtos também são usados para adoçar o café, em geral na forma de xaropes.

O mel, provavelmente o mais antigo produto empregado para adoçar alimentos, é produzido pelas abelhas a partir do néctar das flores, e seu poder de doçura depende da florada (se é de eucalipto, laranjeira, buquê de flores diversas, etc.). Combina bem com café e é mais doce que a sacarose. Na foto ao lado, podem ser vistos diversos tipos de mel expostos no balcão de uma cafeteria de Montreal, no Canadá.

Outro produto empregado para adoçar o café é o xarope de *maple*, extraído da seiva do *Acer saccharum*, árvore nativa da América do Norte, especialmente do Canadá, em cuja bandeira se estampa uma folha de ácer (*maple*). Seu sabor é mais suave que o do açúcar.

Os xaropes aromatizados são muito utilizados para adoçar e ao mesmo tempo aromatizar bebidas, entre elas o café, por isso são produtos sempre bem-vindos às cafeterias. É muito grande a variedade de sabores. No mercado, existem diversas linhas de xaropes: orgânicos, *sugar free*, *kosher*, entre outras.

6. Harmonizações e combinações clássicas e exóticas

Harmonização consiste em combinar, em sequência ou alternadamente, o sabor e o aroma de dois ou mais alimentos (líquidos ou sólidos) que produzem uma sensação diferente ao paladar e ao olfato, em razão de diferenças ou semelhanças entre os atributos sensoriais desses produtos.

A maneira como essas combinações de sabores e aromas interagem pode criar uma sinergia maior entre o paladar e o olfato, trazendo maior sensação de prazer. Em princípio, essas combinações são infinitas e variadas; entretanto, apenas aquelas cujos sabores e aromas se harmonizam é

que têm a capacidade de provocar uma resposta positiva do paladar e do olfato. Quando isso acontece, descobrimos formações sensoriais bastante surpreendentes, tais como doce de leite, leite em pó, especiarias, entre outras. Nos casos em que essa harmonização não ocorre, podemos encontrar no paladar ou olfato sensações não muito agradáveis para um alimento, como o gosto de couro ou de azedo (lembrando o fermentado).

Para uma harmonização perfeita, costumam-se usar certas combinações, conhecidas de longa data, como gordura com ácido, amargo com doce, ácido com doce. E, no caso do café, até mesmo pela sua história, o amargor foi harmonizado com o doce, pela adição de açúcar à bebida a partir do século XVII.

Hoje, o consumo de cafés é uma experiência que se renova dia a dia, graças a descobertas sensoriais que nos permitem explorar todos os sentidos: tato, olfato, audição, visão e paladar. E o lugar, por excelência, dessas inusitadas experiências sensoriais são as cafeterias.

Para que a harmonização ocorra, é importante que a percepção sensorial de um alimento não se sobressaia à do outro, mas, sim, que produza uma oposição natural ou similaridade entre seus sabores e aromas. Portanto, no primeiro caso, a harmonização se dá por contraste; no segundo, por simetria.

O café pode combinar e harmonizar muito bem com vários alimentos e bebidas diferentes, entre elas queijos, chocolate, bebidas alcoólicas e frutas.

Cafés e queijos

Uma forma diferente de combinar o famoso café com leite é harmonizar o café com diversos tipos de queijo.

Alguns cafés mais delicados e suaves combinam com queijos de mesmas características.

Assim, uma forma bem brasileira de harmonizar esses dois alimentos é combinar o café coado em coador de pano com os famosos queijos mineiros. Uma das regiões gastronômicas mais ricas do Brasil é Minas Gerais, que, além de ser a maior produtora de café, tem um dos melhores queijos produzidos no país: o queijo da serra da Canastra. É uma dádiva combinar e harmonizar esses dois produtos. Aliado à delicadeza de suas notas aromáticas, o sabor mais encorpado do café adquire um gosto adocicado pela leve acidez e untuosidade do queijo.

Como regra geral, os cafés preparados com métodos de extração mais leves e mais rápidos harmonizam com queijos frescos, de cura mais rápida, enquanto os cafés mais amargos e fortes, como *blends* de robusta, harmonizam com queijos azuis.

Para incrementar um pouco mais a harmonização do café com o queijo, pode-se acrescentar um ingrediente doce na segunda parte da degustação, da seguinte maneira: primeira parte, café puro com queijo; segunda parte, café, queijo e um toque doce. A foto mostra um exemplo de degustação do café com vários tipos de queijo (*caciotta*, *maasdam* e gorgonzola) e acompanhamentos finais (xarope de *maple*, geleia de pêssego e tâmaras).

CAFÉ E QUEIJO: COMO FAZER A HARMONIZAÇÃO NA BOCA

Antes de começar, separe o café escolhido e pesado (dosado e pronto para o preparo) e deixe a cafeteira e outros equipamentos limpos e prontos para uso. Escolha os queijos, corte-os e selecione os acompanhamentos que serão degustados no final. No momento da harmonização, prepare o café e, depois de pronto, não o adoce. Pode-se, então, iniciar a harmonização, conforme os seguintes passos:

» tome um gole para esquentar a boca e deixá-la preparada para receber o queijo;

» coloque um pedaço de queijo na boca e morda-o levemente;

» tome um gole do café sem açúcar e perceba a sensação que surge na boca;

» volte a tomar outro gole do café;

» deguste outro pedaço de queijo;

» sirva-se de mel, xarope de *maple* ou fruta seca;

» deguste novamente o café e perceba a sensação que vem à boca.

As principais características a serem percebidas nesse processo são:

» na primeira degustação do café – sabor, amargor, acidez, doçura e corpo;

» na primeira degustação dos queijos – sabor, acidez, maciez ou textura, salgado, doçura, amargor, finalização na boca;

» na harmonização entre ambos – percepção de novos aromas, formação de novos sabores e alteração de sabores preexistentes, como o salgado do queijo e o amargo do café, que desaparecem para finalmente dar lugar à sensação de doce equilíbrio na boca, provocada pelo mel, xarope ou fruta seca.

ALGUMAS DICAS DE HARMONIZAÇÃO DE CAFÉS COM QUEIJOS

Café da variedade arábica com torra média, filtrado na Hario V60® ou no coador de pano, com um perfil sensorial delicado, baixo amargor e encorpado combina com queijos brancos frescos, muçarela de búfala e queijos com leve teor de gordura. Os acompanhamentos finais são mel ou xarope de *maple*.

Os grãos arábica mais encorpados, com torras médias e método de preparo na cafeteira italiana ou na prensa francesa (*french press*), harmonizam melhor com queijos mais curados, como parmesão e *maasdam*. É interessante perceber que, nessa harmonização, o sabor salgado do queijo desaparece com o amargor típico do café e, em muitos momentos, dá para sentir na boca um gosto mais doce, lembrando o do leite em pó. Para finalizar, pode-se acrescentar geleia de pêssego ou de figo ou o próprio figo seco.

Blends de cafés das variedades robusta ou arábica, com torras mais acentuadas, amargor pronunciado e preparados na máquina de café *espresso*, harmonizam com queijos azuis. O sabor salgado do queijo desaparece com o amargor do café. O retrogosto final é a combinação de ambos os produtos na boca. Para finalizar, tâmaras ficam perfeitas nessa harmonização, pois neutralizam os sabores mais intensos na boca, formados pelos alimentos anteriores, e ressaltam a percepção de doçura no paladar.

Café e chocolate

Café e chocolate têm muitas semelhanças entre si. A começar pela matéria-prima: tanto o café quanto o cacau são grãos de características e origens específicas, que passam por fermentação, torra e moagem. O próprio processo de industrialização do café e do cacau desenvolve muitos componentes aromáticos e gustativos semelhantes durante a torra. E tais características de similaridade é que favorecem a harmonização entre eles.

Os dois produtos se complementam, principalmente em bebidas em que ambos estão juntos na xícara. Tanto é que as cafeterias servem diversas preparações em que o chocolate entra como ingrediente básico ou mesmo em receitas clássicas à base de café e chocolate, como o *moka*.

Podemos harmonizar café de diferentes origens e métodos de preparo com chocolate branco, ao leite, amargo, ou até mesmo com os de amêndoas de cacau de diferentes origens, que trazem aromas e sabores totalmente inusitados às xícaras.

O chocolate, assim como o café, tem inúmeros componentes que encantam as pessoas. Além disso, devido à presença da manteiga de cacau em sua composição, o chocolate derrete à temperatura do corpo (acima dos 30 °C), trazendo doçura, amargor e acidez à boca, ou seja, libera aromas e sabores percebidos pelo paladar.

Como já foi dito, o processamento do café se assemelha muito a certas etapas da produção do chocolate, por isso ambos os processos acabam desenvolvendo aromas e sabores em comum, como caramelo, especiarias, frutados, tostados, entre outros.

Dessa maneira, nas harmonizações entre os dois produtos, tais características muitas vezes se intensificam ou geram contraste. O mais interessante é que a formação da percepção das notas aromáticas do café e do chocolate produz desde combinações doces e delicadas até as mais exóticas, que lembram couro, azeites e outras sensações, como caramelo, especiarias e frutas.

Via de regra, a acidez e o amargor do café se contrapõem à gordura e doçura dos chocolates,

caso em que os sabores e aromas de ambos muitas vezes se completam, especialmente com cafés mais amargos e chocolates mais doces (brancos ou com maior teor de leite em sua composição).

Na harmonização do café com o chocolate, a degustação começa com um gole de café, para preparar a boca, depois se degusta o chocolate e termina com um novo gole de café.

CHOCOLATE BRANCO

Tanto o café da variedade arábica quanto o da robusta, quando harmonizados com chocolate branco, acabam resultando em uma combinação muito agradável, considerando o contraste entre o amargor do café e os componentes do chocolate branco: leite, manteiga de cacau e açúcar. Além do mais, essa composição faz com que o chocolate branco derreta a uma temperatura mais baixa do que a do chocolate amargo, o que facilita a harmonização. Lembrando também que a qualidade do café e do chocolate branco é fundamental para a maior obtenção de prazer e sabores na boca.

Existem receitas que combinam diretamente os dois produtos, sem erro, como na harmonização de café *espresso* com uma barra de chocolate branco, mostrada na foto ao lado. A barra de chocolate poderá ser colocada diretamente na xícara, ou ser degustada diretamente na boca, alternando o chocolate e o café.

CHOCOLATE AMARGO

Para obter a melhor harmonização, o ideal é escolher uma só variedade de café e degustá-lo com diversos tipos de chocolate amargo, pois a sensação gustativa causada pela combinação de ambos varia de acordo com a procedência das amêndoas de cacau. Além disso, a influência da torra do café e do volume a ser servido é determinante para encontrarmos as combinações perfeitas na boca.

Como regra geral, nessa degustação os seguintes atributos devem ser avaliados, tendo em vista a melhor harmonização:

» *derretimento* – tomar um gole do café antes de colocar o chocolate amargo na boca faz com que o derretimento natural do chocolate seja mais rápido. Doçuras provenientes dos grãos de cacau e de alguns açúcares que foram acrescentados ao chocolate podem ser mais realçadas pelo tipo de café usado na degustação.

» *aromas e complexidade* – formação de aromas ao misturar os dois alimentos na boca e toda a percepção retronasal resultante.

» *formação de sabores* – ao combinar os dois alimentos na boca, além da formação dos aromas, há de se sentir a combinação de sabores, que podem ser agradáveis, exóticos ou que simplesmente acentuam os atributos preexistentes em ambos os alimentos.

» *acidez* – perceber a interferência da acidez existente nos chocolates, que, ao ser harmonizada com os atributos gustativos do café, pode ficar mais intensa ou apresentar certa adstringência.

Café e bebidas alcoólicas

A combinação entre cafés e bebidas alcoólicas aparece frequentemente nas cartas de cafés das cafeterias ou mesmo em drinques nos campeonatos internacionais de café. Uma combinação mundialmente famosa desses dois ingredientes e um dos clássicos da coquetelaria internacional é o *irish coffee*.

Sem dúvida, as bebidas destiladas e de elevado teor alcoólico casam muito bem com café e harmonizam de forma agradável no paladar. Para acertar a harmonização do café e de uma bebida alcoólica, é importante levar em conta os seguintes fatores:

» teor alcoólico da bebida;
» tipo utilizado de bebida;
» bebidas armazenadas em barris de madeira e com desenvolvimento de aromas característicos do envelhecimento;
» origem, torra e método de preparo do café.

O equilíbrio do teor alcoólico é um fator a ser levado em conta na combinação dos dois ingredientes, porque o álcool traz uma sensação de aquecimento ao paladar após ser ingerido, além do que, quanto maior a graduação alcoólica, maior a sensação de corpo (viscosidade e peso) ao paladar, característica que prejudica a combinação.

Na harmonização, é importante perceber o contraste entre as duas bebidas e a sensação duradoura no olfato e no paladar. Assim sendo, as bebidas alcoólicas que normalmente produzem boas combinações com o café são: grapa, conhaque, rum, uísque, saquê, vodca, cachaça, *brandy*, anis e licores diversos.

Para a combinação de cafés com vinhos, o ideal são os fortificados, com maior teor de álcool e açúcar, como o vinho do Porto, Xerez ou botritizados. Nesse caso, trata-se de uma combinação mais complexa, que, na hora de elaborar um drinque com os dois produtos, muitas vezes requer mais ingredientes para equilibrar o sabor.

O WORLD COFFEE IN GOOD SPIRITS CHAMPIONSHIP

Existe no mundo um campeonato dedicado exclusivamente à combinação de cafés com bebidas alcoólicas: o World Coffee in Good Spirits Championship.

Esse campeonato divide-se em duas fases: na primeira, cada competidor deve preparar dois drinques quentes (da mesma receita) e duas bebidas frias com café e álcool (da mesma receita); na segunda fase, deve elaborar dois *irish coffees* e preparar novamente uma das duas bebidas escolhidas da primeira fase.

A regra fundamental para o preparo das bebidas (tanto quentes quanto frias) é o balanço entre os aromas e os sabores do drinque.

Já na elaboração do *irish coffee*, apenas quatro ingredientes são permitidos: café, uísque, açúcar e creme de leite. Cabe ao competidor escolher o café (origem, *blend*, torra, método de preparo), o uísque (procedência, envelhecimento), o tipo de açúcar (refinado, mascavo, demerara) e o tipo de creme de leite (fresco, enlatado, vegetal), tendo em vista a melhor combinação entre os quatro ingredientes. Existem várias receitas de *irish coffee* pelo mundo, ou mesmo versões criativas dos baristas, mas, a seguir, optamos por fornecer uma versão clássica dessa bebida.

RECEITAS DE CAFÉ COM BEBIDA ALCOÓLICA

Irish coffee

Receita básica para uma taça de 240 mℓ.

- 35 mℓ de uísque irlandês (Jameson)
- 160 mℓ de café (preparado na prensa francesa, ou *espresso*, ou feito na cafeteira italiana)
- 2 colheres (sopa) de açúcar não refinado (mascavo ou demerara)
- 40 mℓ de creme de leite fresco batido com *fouet* ou em coqueteleira

Aqueça a taça. Acrescente o açúcar com o uísque e mexa. Despeje o café quente por cima e, com a parte convexa da colher, coloque o creme batido sobre o café. Cuide para que o creme não se misture ao café. Ao beber, o café e o creme se misturam na boca, trazendo equilíbrio entre café, bebida e creme fresco.

Café calva

Esse café, feito com *espresso* e o *brandy* (de maçã ou pera) Calvados, é uma antiga especialidade francesa não muito conhecida fora da França. Muitas vezes fora do cardápio, pode ser pedido em qualquer café francês.

- 1 dose de café *espresso* quente (coado ou *espresso* duplo)
- 30 mℓ de *brandy* Calvados
- ½ colher (chá) de *brandy* Calvados

Extraia o café em uma xícara. Sirva ao lado, em um copo pequeno de vidro, 30 mℓ de *brandy* Calvados; por fim, borrife a ½ colher de *brandy* sobre o café. Servido em dois recipientes: o do café e o da bebida.
(Fonte: www.frenchfood.about.com)

Bicerin

Para essa receita, que serve duas pessoas, são necessários dois copos de vidro transparente de 250 mℓ, de modo que possam ser visualizadas as três camadas da bebida, conforme se observa na foto.

- 250 mℓ de leite integral
- 90 g de chocolate meio amargo ou *bittersweet*
- 60 mℓ de café bem forte ou 2 cafés curtos
- Creme chantili adoçado (o suficiente para completar ⅓ do copo)

Aqueça o leite integral com o chocolate meio amargo ou *bittersweet*. Mexa até começar a ferver e deixe no fogo por 1 minuto, mexendo sempre para que o chocolate espume um pouco. Retire do fogo e reserve.
Prepare um bule pequeno de café bem forte ou os dois cafés *espressos* (curtos). Complete ⅓ de cada copo com a mistura de chocolate. Preencha mais ⅓ com o café forte ou o *espresso*, usando a parte convexa de uma colher para derramar o café, de modo a não misturá-lo com o chocolate. Por fim, complete o último ⅓ com creme chantili adoçado.
(Fonte: receita a partir de pesquisas de Amato Cavalli).

Vídeňská káva

O *vídeňská káva* (café vienense), visto na foto, é uma especialidade do Café Imperial de Praga, República Tcheca.

- 100 mℓ de café *espresso*
- 30 mℓ de Becherovka (licor de ervas tcheco)
- 20 mℓ de licor de laranja
- 20 g de mel

Preaqueça o copo, enxágue com água quente e adicione os dois licores, o mel e o café *espresso*. Misture bem e decore com uma rodela de laranja ou com 2 colheres (sopa) de chantili.
(Fonte: receita por cortesia do Café Imperial de Praga)

Café com frutas

A combinação de café com frutas pode até parecer estranha em um primeiro momento, mas o fato é que bebidas à base de café e suco de frutas estão presentes em muitos coffee shops e campeonatos de baristas. É que certos sabores, como o ácido e o amargo, casam perfeitamente quando acrescentamos a eles um ingrediente doce.

Os baristas têm criado combinações de cafés com frutas ou sucos de frutas bastante originais. Segundo o *site* Sprudge, por exemplo, o vencedor do Campeonato Mundial de Baristas (WBC) de 2012, Raúl Rodas, chegou a preparar uma redução de cascas de café verde com a mucilagem dos próprios grãos para elaborar drinques a serem apresentados na competição. Os baristas tendem a fazer muitas "alquimias" para mostrar o diferencial dos grãos.

Certas frutas têm uma boa combinação sensorial com o café. Os cítricos são um bom exemplo, já que muitas bebidas combinam e equilibram os sabores básicos (acidez com amargor e doçura), como suco de laranja com café ou um *espresso* gelado batido com suco de limão, lima-da-pérsia ou tangerina.

As frutas doces, como banana, figo e tâmara, também combinam bem com o amargo do café, principalmente quando são ingredientes básicos de sobremesas, por exemplo o doce de banana.

Mas a própria fruta *in natura* pode ser um bom acompanhamento para o café, tanto que algumas cafeterias servem o café acompanhado de morangos ou cerejas.

As frutas oleaginosas, como amêndoas, nozes e avelãs, têm a formação de aromas muito próxima à de alguns cafés, o que muitas vezes realça certas características aromáticas de ambos, quando são servidos juntos.

Outras combinações

A combinação de café com certos doces fica muito agradável e equilibrada, especialmente com cremes como chantili, creme de zabaione, ou mesmo sorvetes à base de leite. Tal equilíbrio deve-se aos ácidos do café e à gordura desses cremes.

Em certos lugares da Itália, o café *espresso* é servido com creme de zabaione, tipo de gemada à qual se adiciona vinho fortificado. Tal combinação resulta em um café cremoso, de sabor único, além de ser bastante energético, pois o café age como estimulante e o zabaione, como revigorante, razão pela qual é muito consumido por atletas.

Outra famosa receita italiana que também leva café é o *tiramisù*, combinação de café, ovos, açúcar, queijo *mascarpone*, bolo ou biscoito tipo champanhe e vinho Marsala. Conta a lenda que o *tiramisù* era consumido nas "casas fechadas" (bordéis) na Itália, onde as cafetinas ofereciam a iguaria aos clientes, dizendo-lhes "che ti tira su!" (que te levanta!), com intenção de deixá-los mais animados e com mais energia.

Outro clássico é o *affogato*, no qual o sorvete de creme é "afogado" no café quente e servido como sobremesa. Nesse caso, para dar um toque diferenciado, podem-se combinar mais ingredientes, como doce de leite, chantili, geleias de frutas, etc.

O café com *panna*, ou café com chantili, também é uma combinação de destaque, pois o creme de leite, doce e gelado, derrete ao entrar em contato com o café quente. É hoje uma das harmonizações de maior sucesso nos coffee shops, tanto que a própria rede Starbucks usa muito essa combinação em algumas de suas bebidas quentes e frias, como *lattes* e frapês.

7. Equipamentos básicos de uma cafeteria

O que seria de um coffee shop se dispusesse de grãos de alta qualidade, mas não tivesse os meios adequados para transformá-los em uma insuperável bebida? O fato é que a garantia de um café de qualidade aos consumidores depende da utilização de certos equipamentos indispensáveis para o preparo da bebida.

Máquinas de *espresso* modernas; torradores que garantem o frescor da torra; moinhos ajustados para as diferentes moagens, as quais definem a granulometria mais adequada para cada método de extração; expositores mostrando claramente quais são os grãos servidos, ou mesmo o uso de utensílios personalizados – todos esses fatores, aliados ao design do espaço interno e externo do coffee shop, ajudam a compor o clima da cafeteria e atrair o perfil desejado de clientes para frequentá-la.

Torradores

O torrador é o primeiro equipamento a ser usado no processo de preparo do café, pois os grãos precisam passar pela torra antes de serem moídos.

No início, os torradores mais pareciam panelas com um mexedor manual interno, lembrando as panelas de fazer pipoca. O torrador de tambor giratório é posterior a esse modelo, chamado de "torrador de bola".

Com o passar do tempo e o aumento do consumo, a necessidade de torrar os grãos em maior volume e com mais qualidade passou a ser primordial. Foi então que teve início o desenvolvimento desses equipamentos não só em termos de maior eficiência, rendimento e produtividade mas também de aprimoramento do design.

Hoje temos, no mercado, torradores que fazem tudo automaticamente: executam ajustes de pressão, de temperatura do ar no interior do tambor, de velocidade do tambor, além de manter o registro de todos os fatores que influenciam a torra, tornando mais fácil o controle e a avaliação da curva de torra, ou *roast profile*.

Muitas cafeterias têm instalado torradores em seu ambiente, com o objetivo de ter grãos frescos, seja para preparar cafés, seja para vender os grãos diretamente aos clientes. Tais equipamentos chamam a atenção dos consumidores pelo tamanho, pela cor, pelos sons que emitem e pelo aroma que exalam ao torrar o café, o que por si só já estimula os clientes a adquirir ou experimentar esses grãos, tornando-se um diferencial a mais para o estabelecimento. A foto ao lado mostra um modelo desse equipamento: o torrador de prova de café, usado para fazer amostras a serem avaliadas pelos provadores.

A escolha do modelo apropriado de torrador depende essencialmente do volume de café a ser produzido: se for muito grande, recomendam-se

torradores maiores, que requerem mais espaço, instalação de gás específica e exaustão adequada. Os torradores para coffee shops podem torrar de 300 gramas a 12 quilogramas de grãos de cada vez. Exemplos desses equipamentos podem ser vistos nas fotos abaixo: à esquerda, um torrador de fluxo de ar quente; à direita, um modelo de chão para volumes maiores, acima de 3 quilogramas.

Em termos de design, existem vários modelos de torradores para coffee shops: desde aquele feito de vidro transparente, por meio do qual se pode visualizar todo o processo de torra, até o de tambor, no qual, durante a torra e no momento do resfriamento, os grãos podem ser observados somente através de um visor.

Do ponto de vista ergonômico, é importante que o torrador tenha os seguintes elementos:

» "saca-prova", recipiente do qual se retira uma pequena amostra dos grãos que estão sendo torrados no momento (ver foto na página anterior);

- boa iluminação direta, para minimizar as diferenças entre as cores do café percebidas pelo olho humano e aquelas registradas pelos colorímetros ajustados para a verificação e o controle de cada lote a ser torrado;
- visor na porta de descarga, possibilitando que o mestre de torra acompanhe o processo de torra;
- resfriador de café torrado dotado de pás giratórias.

Os aromas liberados no processo de torra são muito fortes e intensos, por isso é fundamental instalar um exaustor no ambiente onde se encontra o torrador. Além disso, a cafeteria precisa ter um espaço físico destinado à retirada da película do café que é sugada no momento da torra e que, por ser mais leve, deve ficar em um recipiente separado.

Depois de torrados, os grãos vão para os expositores, onde ficarão até serem moídos e/ou vendidos aos clientes.

Expositores de grãos

Os expositores têm a função de armazenar os cafés recém-torrados e destinados à moagem e/ou comercialização. São encontrados em diferentes modelos e tamanhos, e podem até mesmo fazer parte da decoração das cafeterias, como os expositores da cafeteria Café Santo Grão, em São Paulo.

Os grãos que normalmente ficam expostos, além da alta qualidade, devem ter boa aparência, isto é, não podem estar quebrados nem com cores muito diferentes entre si. Dessa forma, o cliente que desejar levá-los para casa já terá uma noção da qualidade do café a ser degustado posteriormente.

Os grãos que liberam óleos ou têm uma cor muito escura tendem a produzir uma bebida mais amarga, enquanto os mais claros geralmente dão mais acidez à bebida.

É importante adequar o tamanho do expositor ao volume normalmente vendido, pois os cafés não podem permanecer por muito tempo nos expositores, para que não oxidem com rapidez. O ideal é armazená-los em locais sem oxigênio e ao abrigo da luz, quando não forem destinados à venda imediata.

Algumas cafeterias optam por embalar diretamente o produto para a venda, sem deixá-los nos expositores. Dessa forma, a moagem é feita na hora da compra e de acordo com a necessidade do cliente.

Moinhos de café

Antes da invenção dos moinhos, os grãos de café costumavam ser triturados em pilões, tarefa que exigia um grande esforço físico. No século XVII, com a crescente popularização do hábito de tomar café, procurou-se facilitar o processo de moagem, com a criação, no ano de 1665, do primeiro moinho de café, feito atribuído a um serralheiro de Londres. Com o passar dos anos, a produção de moinhos expandiu-se, acompanhando a proliferação do hábito de moer o café em casa. A princípio, esses equipamentos eram fabricados em madeira, metal ou cerâmica, e dotados de manivela e roda para movimentá-los. A foto ao lado mostra um desses moinhos, com moedores de metal movidos à manivela.

Com o passar do tempo, o moinho de manivela foi substituído por um modelo dotado de motor elétrico, depósito para armazenagem do pó já moído e compartimento para colocar os grãos a serem processados. Mas as mudanças tecnológicas não param, e a cada dia surgem inovações destinadas a aprimorar a moagem e evitar o desperdício do pó de café, afinal o moinho é o coração do preparo do café, pois sem a correta moagem a extração deixará muito a desejar.

A escolha desse equipamento é fundamental para uma cafeteria, a começar pela qualidade dos discos (ver "A importância dos moinhos...", mais adiante), a fim de evitar a elevação da temperatura dos grãos durante a moagem, obter a padronização granulométrica do café e diminuir o desperdício do pó de café no momento do preparo do *espresso*. Tudo isso interfere na qualidade da bebida a ser degustada.

Em uma cafeteria, o moinho é o responsável pelo frescor dos grãos, pois a moagem feita na hora exala aromas mais intensos, que se espalham pelo ambiente, aumentando o desejo do consumo imediato ou incentivando a venda do grão para consumo doméstico. Além disso, a moagem é feita de acordo com o método de preparo que foi escolhido pelo cliente. Nesse momento, o cliente pode fazer seu *blend* exclusivo de café ou levar o produto mais fresco possível. Na foto da página seguinte, pode-se ver um ambiente do Café Santo Grão, em São Paulo, com a estação completa para a torra, elaboração do *blend*, moagem e embalagem do café produzido na própria cafeteria.

A IMPORTÂNCIA DOS MOINHOS PARA A DEFINIÇÃO DA GRANULOMETRIA

Os moinhos modernos funcionam por meio do atrito dos grãos de café, que passam pela distância existente entre os dois discos, cujas lâminas afiadas agem como pequenas facas que vão quebrando os grãos. O disco superior permanece fixo, enquanto o disco inferior gira pela força de um motor. Ao girar, o disco movimenta os grãos, que, dessa forma, são obrigados a passar por entre ambos. De acordo com a granulometria que se deseja, é possível regular a distância entre os discos: quanto maior for a distância, mais grossa ficará a moagem (granulometria), e vice-versa.

A granulometria define se a moagem será fina, média ou grossa. Para os cafés filtrados, a moagem deve ser mais fina, e, para cafeteiras como a francesa ou a italiana, recomenda-se uma moagem de média a grossa.

A quantidade de pó, por sua vez, determina o peso de café necessário para as diferentes preparações. Para a preparação de um café *espresso*, por exemplo, a quantidade de pó recomendada está entre 7 e 11 gramas de pó por xícara, em média.

As cafeterias que desejam dispor de mais de uma opção de grãos, em vez de dois moinhos, podem usar apenas um moinho com duas cúpulas, como o modelo mostrado na foto a seguir. Além disso, por não ter depósito para o pó de café, esse modelo permite manter o frescor do pó, que dessa forma é depositado diretamente no filtro de extração, resultando em uma bebida mais aromática e saborosa. No caso de moinhos dotados de depósito, o volume de grãos aí armazenado deve ser monitorado com frequência, pois eles absorvem umidade, havendo, portanto, a necessidade de verificação contínua da sua qualidade.

As cafeterias também podem contar com moinhos eletrônicos, nos quais a quantidade de pó que cai nos filtros é ajustada automaticamente pelo tempo de moagem, isto é, quanto maior o tempo, mais café é moído. Como nos demais moinhos, a regulagem da moagem (fina ou grossa) é feita pelo ajuste da distância entre os discos. Há modelos que, além de triturar automaticamente os grãos, dosam e fazem a compactação correta do pó, sem haver nenhum desperdício, como o modelo mostrado na foto a seguir.

Existem também os moinhos de mesa, que normalmente são usados nos laboratórios de café, onde se faz a moagem bem mais grossa, destinada às provas de avaliação dos cafés verdes. Mas esses moinhos também realizam diversos tipos de moagem para os diferentes métodos de preparo existentes, de modo que podem ser utilizados em cafeterias. São equipamentos de grande porte e, em geral, logo após a moagem o café é diretamente embalado para a venda.

Máquinas de café *espresso*

As máquinas de café são os equipamentos mais importantes das cafeterias e, por ocuparem um lugar de destaque no ambiente, o design é fundamental para a sua valorização.

Desde a criação desses equipamentos no início do século XX, as empresas fabricantes têm sempre buscado inovações tecnológicas e de design, a fim de atrair a atenção de clientes pelo aprimoramento da bebida e pela beleza do equipamento. Os italianos foram pioneiros e mantêm até hoje a liderança na fabricação de máquinas modernas e bonitas, com designs inovadores, trazendo sempre novos componentes, como luzes de *led*, placas de vidro, cores vibrantes, entre outros. Contudo, o mercado norte--americano também tem criado equipamentos tecnologicamente inovadores. É um mercado em constante ebulição criativa, tanto que, a cada feira ou evento, novos modelos são apresentados, com novas tecnologias, cores e tamanhos.

BREVE HISTÓRIA DAS MÁQUINAS DE CAFÉ *ESPRESSO*

Tudo começou em 1901, quando o italiano Luigi Bezzera patenteou a primeira máquina de *espresso*, na qual o café era preparado sob pressão, isto é, o vapor sob pressão passava pelo café. Essa tecnologia evoluiria por quase cinco décadas, ao longo das quais, a cada lançamento de um modelo, inovações seriam introduzidas. Além disso, o design e os materiais dessas máquinas seriam itens cada vez mais importantes, uma vez que elas passaram a ocupar lugar de destaque dentro das cafeterias ou nos espaços dos bares onde os cafés eram servidos. Nelas se estampavam imagens de animais que eram verdadeiros símbolos de *status* e de qualidade desses equipamentos. Na foto da página seguinte, vemos o antigo modelo Brasilia na entrada da cafeteria Kavárna Slavia, em Praga.

Depois de Bezzera, seria a vez de La Pavoni entrar nesse mercado, em 1905. Seu compromisso era desenvolver máquinas com o intuito de otimizar o preparo dos cafés, aumentando o número de doses a serem preparadas simultaneamente. Em termos de design, as máquinas

La Pavoni tinham a caldeira na vertical, o que lhes dava um aspecto imponente.

Uma empresa de Turim, criada por Pier Teresio Arduino, em 1910, desenvolveu várias tecnologias de fabricação de máquinas de café e, como resultado de um forte trabalho de marketing, seus equipamentos se espalharam pelo mundo todo. Exemplo disso é a famosa Victoria Arduino, que está presente no mercado desde seu lançamento em 1910, e cujo design era bastante inovador para a época em que foi criada, não só pelo uso de metais nobres e figuras de animais, mas principalmente por sua caldeira vertical com dois grupos.

Até os anos 1930, as máquinas de café apresentavam um design que tendia mais para o suntuoso e o decorativo. Os primeiros modelos eram *art nouveau*, em que prevalecia a decoração de motivos florais. Com o passar dos anos, foram surgindo os modelos inspirados no *art déco*, no qual predominavam os desenhos geométricos.

Se, por um lado, seu design era luxuoso, por outro, os cafés preparados por essas máquinas muitas vezes ficavam aquém do desejável, com sabor acentuadamente amargo. Foi apenas no fim dos anos 1940 que esse problema foi solucionado, com o advento de uma nova tecnologia que introduziu as máquinas de pistão, nas quais a água quente é que passa pelo café, não o vapor. O resultado foi uma bebida mais cremosa e mais densa. O modelo mais famoso proveniente dessa inovação é a Gaggia (clássica, de 1948).

Depois da Segunda Guerra Mundial, o desejo por inovação e produção em larga escala aumentou muito. E a busca por novas tecnologias e novos designs de máquinas de café não parou. Por volta de 1950, La Pavoni criou, com o designer Gio Ponti, a primeira máquina de caldeira (*boiler*) horizontal, tecnologia que permanece até hoje.

Muitas outras empresas, a maioria italianas, começaram a desenvolver e criar suas máquinas de *espresso*, principalmente em meados dos anos 1960. La Cimbali é uma delas, e o sucesso de sua máquina foi tamanho que chegaram a batizar o café *espresso* de "cimbalino", nome pelo qual é chamado até hoje em alguns lugares da Europa. Dessas empresas, algumas permanecem até hoje no mercado de máquinas de café: a própria La Cimbali, a Nuova Simonelli, Gaggia, Fiamma, Faema, Astoria, Rancilio, Victoria Arduino, entre outras.

CARACTERÍSTICAS DAS MÁQUINAS DE CAFÉ *ESPRESSO*

É fundamental a escolha adequada do modelo da máquina, em termos de tamanho, cor, design, potência e volume de cafés preparados por vez, já que ela é o carro-chefe dos equipamentos de uma cafeteria. Em muitos locais, as máquinas se tornam verdadeiros chamarizes de clientes, não só pelo sabor delicioso da bebida mas também pela beleza desses equipamentos.

Dependendo do modelo, as máquinas podem ter de um a quatro grupos. Grupo é a parte da máquina de café que libera a água para o preparo da bebida. Sua forma arredondada permite que nele se encaixe o porta-filtro, ou cachimbo, parte solta da máquina que contém internamente um filtro de metal para receber o pó de café. Cada grupo tem porta-filtros para um ou dois cafés, ou até mesmo três cafés (o que não é muito comum). Para uma melhor padronização do café, muitas cafeterias optam por utilizar apenas porta-filtro e filtro para dois cafés. No filtro metálico, que é encaixado no porta-filtro, pode-se colocar a quantidade necessária de pó de café para o preparo do *espresso*: de uma a três doses, dependendo do seu tamanho. Dessa forma, a extração fica mais homogênea e se obtém maior controle e padronização do sabor do café a ser servido.

Cada empresa fabricante desenvolve tecnologias e designs próprios, de modo que os modelos disponíveis no mercado acabam tendo muitas diferenças entre si. Exemplo dessa não padronização é o diâmetro dos porta-filtros, que pode variar de 53 a 58 mm, de acordo com o fabricante.

As máquinas de café têm passado por constantes aprimoramentos tecnológicos, entre os quais, podemos citar: dosadores de volume para cada tipo de xícara; luzes de controle das diferentes funções; hastes de vapor que não queimam as mãos; grupos dotados de pressões reguláveis para cada *blend*; controle da vazão de água; pré-infusão de água quente no pó de café antes do preparo; manutenção permanente da temperatura da água.

Entre essas diversas inovações tecnológicas, a que mais tem chamado a atenção dos baristas é a possibilidade de regular a pressão para cada *blend*, pois os mesmos grãos de café formam perfis diferentes de sabores na xícara, que dependem da pressão sob a qual são extraídos. Em outras palavras, esse dispositivo permite personalizar a extração de acordo com a escolha do consumidor. Na foto da página seguinte, vemos o interior do coffee shop The Barn Coffee Roasters, em Berlim, com uma máquina que usa essa tecnologia: a norte-americana Synesso.

Nos coffee shops, uma máquina com esse tipo de tecnologia favorece a aproximação e a interação entre consumidores e baristas, pois permite a interferência dos sabores pessoais nas extrações.

Hoje existem no mercado inúmeras marcas que trazem a mais avançada tecnologia no preparo do melhor café, entre elas La Cimbali, La Spaziale, Dalla Corte, Astoria, Faema, Fiamma, Nuova Simonelli e La Marzocco.

Máquinas automáticas

Existem também máquinas superautomáticas, que moem, dosam e compactam o café, ao simples toque de um botão. Algumas vantagens são a praticidade no preparo e a diminuição da quantidade de colaboradores. Esses equipamentos são usados em grandes redes de cafeterias, ou em locais de autosserviço. Cabe mencionar ainda as máquinas *self-service* que preparam não só *espresso* mas também outras bebidas comumente elaboradas em uma cafeteria, como *cappuccino*, *macchiato*, leite com chocolate, puro, etc., instaladas em áreas de grande fluxo de pessoas, como *shoppings*, hospitais e eventos.

UTENSÍLIOS ACESSÓRIOS DAS MÁQUINAS DE CAFÉ

Balança

A balança é um equipamento indispensável para a verificação da quantidade correta de pó, pois evita o desperdício e contribui para a padronização da bebida.

Nivelador

Esse utensílio é usado para nivelar corretamente o pó de café para preparar o *espresso* de modo a manter a camada uniforme e homogênea, facilitando a extração e evitando que ela fique desuniforme.

Tamper *ou compactador*

O *tamper* é um utensílio usado para compactar adequadamente o café e dificultar a passagem da água, de modo a obter a extração correta do *espresso*. Cada porta-filtro da máquina tem diâmetro específico e para cada um deles existe um *tamper* de diâmetro compatível: 53 mm, 57 mm, 58 mm. O ideal é usar um *tamper* manual, mas existem os automáticos, que colocam a força de compactação correta.

O *tamper* é composto por duas partes, a que fica em contato com o café, feita de inox, e a parte superior, que pode ser de madeira, acrílico, porcelana ou outro material, e nos mais diversos formatos, como caveiras, desenhos coloridos, etc. É que alguns baristas usam esse utensílio como forma de expressar sua personalidade, escolhendo os modelos, as cores e os formatos de acordo com sua preferência.

Porta-tamper

Para que o *tamper* não fique em contato direto com a bancada, o uso do porta-*tamper* ou de uma borracha de diâmetro compatível é o mais indicado. Dessa forma, evita-se a contaminação do pó de café.

Cronômetro ou timer

O *timer* é importante para a verificação completa do tempo de extração das doses a serem servidas. O tempo médio indicado é de 20 a 30 segundos.

O tempo é um fator determinante tanto para a regulagem do moinho quanto para a percepção do sabor. Os cafés preparados em menos de 20 segundos têm uma extração de aromas e sabores inferior ao indicado. Se o tempo for superior a 40 segundos, a extração será excessiva, o que, além de provocar manchas no creme, dará um amargor desagradável à bebida.

Copos dosadores

Os dosadores medem o volume necessário para a regulagem da máquina de café e para a verificação das doses de preparo das xícaras. Além

disso, por serem transparentes, auxiliam na verificação da altura do creme do *espresso*.

Pitcher

Pitcher, ou leiteira, é o recipiente usado para a vaporização do leite por meio da haste de vapor da máquina de *espresso*. Em geral, é fabricada em inox, mas existem modelos revestidos de material antiaderente.

Ao escolher uma *pitcher*, deve-se levar em conta o volume adequado para a quantidade de leite a ser vaporizado, evitando assim as sobras e o desperdício. Por exemplo, para preparar duas xícaras de *cappuccino* de 150 mℓ cada, o volume ideal da *pitcher* deve ser de 240 mℓ (8 oz). As *pitchers* costumam ter volumes de 240 mℓ (8 oz), 360 mℓ (12 oz) ou até 600 mℓ (20 oz).

Existem vários modelos de *pitchers* no mercado, alguns com design diferenciado, mas o fundamental é escolher um modelo ergonomicamente adequado, isto é, de fácil manuseio e que evite queimar o leite ou dificultar sua vaporização (ver também o capítulo 2, "Baristas e *latte art*").

Pitcher rinser

Dispositivo instalado na bancada, na parte lateral da máquina de *espresso*, que serve para enxaguar a *pitcher* recém-usada na vaporização. Esse equipamento requer instalações hidráulicas próprias, separadas das instalações da máquina de *espresso*.

Termômetro de leite

O barista utiliza esse equipamento para acertar a temperatura de vaporização. Além disso, em grandes redes, que nem se preocupam em elaborar *latte art* ou que servem em copos fechados, o termômetro é usado para controlar a temperatura do leite a 70 °C, a fim de que o cliente não receba uma bebida morna.

ACESSÓRIOS DE LIMPEZA DAS MÁQUINAS

Pincel

O pincel de apoio serve para limpar o porta-filtro, ou mesmo o filtro, entre uma preparação e outra. Em algumas localidades do Brasil, proíbe-se a utilização de pincéis com cabo de madeira, uma vez que suas cerdas podem soltar-se e cair no pó de café. Recomenda-se o uso de pincéis específicos para essa finalidade, sendo a grande maioria fabricada em plástico resistente a altas temperaturas.

Toalhas

Fabricadas em viscose, algodão ou felpa, as toalhas são fundamentais na limpeza da área de trabalho e de certos utensílios de uma cafeteria. Em alguns casos, utilizam-se toalhas de cor escura, para evitar manchas provenientes do café, ou mesmo de cores diferentes para operações distintas, com o objetivo de evitar sua troca e possível contaminação. Por exemplo, a toalha usada para a limpeza da haste do leite não deve ser a mesma destinada à limpeza do balcão, até porque esta última pode conter micro-organismos capazes de contaminar aquela. Por causa disso, em alguns lugares é vedado o uso de toalhas de tecido, adotando-se toalhas descartáveis.

Gaveta de borra de café

Esse dispositivo serve para o depósito de descarte da borra de café. Pode ser uma gaveta ou um batedor com suporte de borracha que descarta o café usado diretamente no lixo. Deve ser exclusiva para a borra, visto que o pó de café já usado (*cake*) pode servir como adubo; portanto, recomenda-se não misturá-lo com outros descartes ou lixos. A gaveta deve ser lavada a cada troca de turno, para evitar a proliferação de fungos e outros micro-organismos. O batedor existente também deve ser de uma borracha que não danifique o porta-filtro ou filtro da máquina. Na foto deste pequeno café dentro de um hotel na Itália, vemos a máquina de café, a gaveta de borra de café e o *tamper* compondo uma área de trabalho compacta, que facilita as tarefas do barista.

PARTE 2
O design e o espaço

8. A cultura das coffee houses e/ou dos coffee shops e a teoria dos terceiros lugares

As pessoas necessitam de locais onde possam encontrar outras pessoas para trocar ideias; discutir política, filosofia; fazer amigos, relacionar-se; compartilhar momentos e assim desenvolver um senso de "comunidade", de "pertencer" a um determinado grupo.

Ray Oldenburg, *The Great Good Place*,1997.

Para Oldenburg, sociólogo urbano norte-americano que desenvolveu a teoria dos *terceiros lugares*, as pessoas deveriam ter três tipos de *lugares* na vida, para cada um dos diferentes tipos de relações pessoais e interpessoais necessários para que nossa existência possa ser realmente saudável.

No *primeiro lugar* se desenvolveriam as relações humanas de modo mais privado, mais fechado, concentrado em um determinado núcleo pessoal. Poderíamos então afirmar que nossa casa, nosso lar, seria esse lugar tão necessário para nossa plena existência, nossos momentos privados.

Nosso "eu" também requer convivência e relações interpessoais produtivas. O *segundo lugar* seria então o espaço no qual teríamos maior disponibilidade de tempo para que essas relações interpessoais pudessem acontecer, ou seja, o trabalho seria esse local. Podemos chegar a passar mais de dez horas por dia em nosso local de trabalho, portanto a maior parte do tempo em que estamos acordados.

Ainda bem que nossa vida não é nem pode ser feita somente de casa e trabalho. Necessitamos mais do que isso para sermos felizes. Precisamos nos sentir engajados, pertencentes a um grupo, a uma comunidade, seja ela qual for.

Portanto, os *terceiros lugares* seriam os locais onde as pessoas se relacionariam de modo mais criativo, sem culpas de possíveis discordâncias, onde buscariam uma melhor qualidade de vida; uma pausa para suportar o peso do trabalho e a inevitável rotina diária.

Somos todos diferentes e buscamos diferentes coisas na vida. Assim sendo, precisamos de locais também diferentes no nosso dia a dia. Entre os *terceiros lugares*, estariam os cafés, os coffee shops, as cervejarias, os bares, as academias de ginástica, os *shopping centers*, as padarias, ou qualquer outro local que nos dê a sensação, mesmo que temporária, de pertencer, de não sermos tão diferentes, de não estarmos tão sós.

Ainda segundo Oldenburg, a existência e principalmente a eleição de um *terceiro lugar* para frequentar é fundamental para que as pessoas possam desenvolver uma sociedade civil que funcione, que seja democrática e dotada de engajamento cívico.

O senso de "comunidade", de pertencer a um grupo, tende a estabelecer parâmetros mais humanos e igualitários, além de nivelar, de certa forma, seus frequentadores.

Portanto, esse componente de "necessidade de engajamento", de relacionamento e de "pertencer" seria uma das principais motivações para que as pessoas buscassem frequentar com certa regularidade espaços onde se sintam bem.

O design será fundamental na hora de criar as diferentes atmosferas para os diferentes tipos de pessoas que se intenciona agrupar. O sexo, a idade, a cultura, os anseios, ou seja, as características de cada público-alvo determinarão como deverá ser o resultado visual, funcional e ergonômico para que o espaço seja eleito o *terceiro lugar* pelo público desejado.

Se olharmos de relance para as fotos dos coffee shops a seguir, de imediato verificaremos que são grandes as diferenças entre eles.

O projeto estético e visual desenvolvido para cada um desses espaços, em diferentes partes do mundo, teve como *target* (ponto focal) um público-alvo determinado e bastante específico. Os materiais, as cores, a iluminação, os detalhes construtivos, as mesas e os assentos, etc. teriam sido então selecionados em função das necessidades do público escolhido para frequentá-los.

Uma vez que a atmosfera foi especialmente criada para determinado grupo de pessoas, ficará fácil para alguém desse grupo sentir-se "pertencente" ao local, engajado com os demais frequentadores.

Essa adaptação total a um público específico tem como objetivo *fazer com que ele eleja* o estabelecimento como seu.

Quanto mais crescem as cidades, quanto mais aumentam os compromissos e quanto mais evolui a tecnologia, mais frios ficam os relacionamentos interpessoais, fazendo com que as pessoas se sintam mais isoladas e distantes umas das outras.

A rede de cafés Starbucks foi a primeira a classificar cada uma de suas filiais como o *terceiro lugar* de seus frequentadores, utilizando em sua campanha publicitária a frase: "There's Home. There's Work. And There's Starbucks".

Em seu livro *A febre Starbucks: uma dose dupla de cafeína, comércio e cultura*, Taylor Clark conta a história, o sucesso e os segredos da famosa rede de coffee shops Starbucks. Fundada em 1971 em Seattle, nos Estados Unidos, apenas como um ponto de venda de cafés em grãos, passou por uma grande reestruturação e mudança de estratégia de mercado, com a entrada do visionário Howard Schultz na empresa.

A principal mudança feita por Schultz foi inspirada nos cafés de Milão, nos quais percebeu que as pessoas costumavam entrar mais de uma vez por dia num mesmo café para saborear um *espresso*. A rede, então com apenas 11 lojas nos Estados Unidos, em três anos passaria a 85 cafeterias; em 1997, já seriam 400; em 2000, 3.500 em todo o mundo.

Com um marketing agressivo e sob o comando de Howard Schultz, uma figura altamente carismática, a Starbucks continua a crescer sem franquias, mas atenta às mudanças no mundo, nas sociedades e na tecnologia.

O responsável pela criação do *branding*, ou seja, da identidade da rede Starbucks, bem como do visual escolhido para as lojas, foi Wright Massey, então ex-diretor de design das lojas Disney.

Precursora da identificação de coffee shops como *terceiros lugares*, a Starbucks ainda enfatiza essa responsabilidade para com a comunidade. Algumas lojas, por exemplo, mantêm um quadro de avisos que, além de notícias locais, exibe fotos de frequentadores da filial, fazendo com que eles se sintam importantes e pertencentes à comunidade.

As coffee houses foram locais de agregação importantes no passado. Podemos dizer que foram *terceiros lugares* de intelectuais, políticos, poetas, escritores, revolucionários e artistas em todo o mundo. Uma grande parte delas deixou de existir, porém algumas ainda mantêm as portas abertas, não mais como local de discussões ou conspirações políticas, como no passado, mas como parte de uma referência histórica.

Teria sido no **Café Le Procope**, em Paris, por exemplo, que a *Encyclopédie*, primeira enciclopédia moderna, teria nascido, em meados do século XVIII. Ali também, em encontros frequentes entre Voltaire, Rousseau e Diderot, teria sido discutido o Iluminismo francês, que defendia o uso da razão (Luz) e pregava maior liberdade econômica e política. Inaugurado em 1686, o Café Le Procope não é somente a coffee house mais antiga e o primeiro café literário de Paris mas também o café mais antigo do mundo ainda em funcionamento.

Ali se encontra, por exemplo, o chapéu de Napoleão Bonaparte. Segundo a lenda, Napoleão não teria tido dinheiro para pagar a conta e teria deixado seu chapéu como garantia de pagamento. A mesa de Voltaire também pode ser vista em um dos salões do primeiro andar. O Procope, hoje restaurante, foi tombado pela prefeitura de Paris e transformado em patrimônio histórico em 1992.

Comprovadamente com papel social de grande importância e capacidade de proporcionar um ambiente favorável às conversas intelectuais, artísticas e politizadas, as coffee houses foram centro de ataques de líderes ingleses, escandinavos e árabe-sauditas em diferentes momentos históricos.

O **Caffè Al Bicerin** é a mais antiga coffee house de Turim, na Itália. Inaugurado em 1763 bem em frente ao Santuario della Consolata, deve principalmente à sua localização o seu sucesso inicial.

Após a missa de domingo, a massa e a alta aristocracia turinense encontravam-se lado a lado no café para tomar um *bicerin*, bebida criada à base de *espresso*, chocolate e creme de leite (ver receita na página 84). Apreciada por Alexandre Dumas, Puccini, Nietzsche, entre tantos outros, o *bicerin* tornou-se a bebida típica de Turim, recebendo diversas interpretações nos cafés da cidade, mas a receita original é mantida a sete chaves pela casa.

Al Bicerin é famoso também por ter sido o único café frequentado por todos, sem distinção de classe social. Para garantir que todos pudessem saboreá-lo sem nenhum problema ou embaraço, o preço de um *bicerin* foi mantido o mesmo até o final de 1913. Tornou-se, portanto, a bebida mais democrática que já existiu. O café é também famoso por ter sido frequentado por mulheres em uma época em que elas não entravam em bares ou cafés. Esse fato foi possível porque o café era e ainda é administrado por mulheres.

No início do século XIX, o café passou por uma reforma externa e interna que determinou a solução visual mantida até hoje. O espaço é composto por apenas um ambiente que, apesar

de pequeno e todo em madeira escura, é bastante aconchegante e agradável. A parede atrás do balcão é colorida por uma coleção de vasos de confeitaria cheios de Pastiglie Leone, famosa marca de confeitos em forma de pastilha.

As clássicas mesas redondas de mármore, com velas brancas, dão um ar refinado porém simples ao café, ao contrastarem com o veludo vermelho dos bancos.

Tomar um *bicerin* no Al Bicerin é voltar no tempo, é frequentar um local onde as pessoas não sofriam nenhum tipo de segregação, onde uma bebida, cuja fama se mantém até hoje, unia a massa e a aristocracia em um *terceiro lugar* único e especial.

A experiência de saborear um café no seu *terceiro lugar* resulta da associação de vários elementos, como o local em si, o uso de grãos de alta qualidade, um *espresso* ou uma bebida à base de café cuidadosamente preparada por um barista e a correta harmonização entre diferentes aromas e sabores.

As cafeterias procuram oferecer uma verdadeira experiência na hora de saborear um café. Os ambientes são agradáveis e permitem que as pessoas se sintam pertencentes a um grupo. E, para que a experiência seja completa, cada pequeno detalhe do projeto é pensado e projetado seguindo determinados conceitos.

O mobiliário é escolhido procurando atender aos diferentes tipos de pessoa, não somente pelo gosto estético mas também pelo aspecto físico. Cadeiras com e sem braço, estofadas ou não; pufes, bancos, poltronas, sofás; mesas pequenas, grandes e para compartilhar – ou seja, uma variedade enorme de opções dentro de um só café.

Para se criar uma experiência, é necessário que os nossos cinco sentidos sejam estimulados, ou seja, que exista um enfoque multissensorial no projeto.

Design multissensorial, atmosfera e a nova tendência

Para proporcionar aos clientes aquilo que eles, consciente ou inconscientemente, procuram em uma cafeteria ou coffe shop, existem o design multissensorial e o design biofílico (baseados na neurociência). Ambos os conceitos são abordados mais detalhadamente na obra *Vivendo os espaços*, indicada na bibliografia.

Uma atmosfera composta por elementos multissensoriais e biofílicos será, sem dúvida, acolhedora e estimulará o bem-estar físico e mental dos frequentadores, sendo o ponto-chave da nova tendência em design. Trazer a natureza (real ou representada) para dentro dos ambientes reconecta as pessoas com os seus instintos, traz paz, acalma e aconchega. Não se trata de transformar o café em uma "selva amazônica", mas de trazer essa selva de forma agradável, direta ou indiretamente.

O estímulo dos sentidos é fundamental para que o espaço proporcione uma "experiência real" a quem toma um café, e isso dá uma nova dimensão ao estabelecimento comercial. Vale lembrar que os cafés devem, principalmente nesse novo cenário em que vivemos, representar um local seguro, um lugar para encontrar amigos, ler o jornal em paz, um local preferido, diferente das cafeterias de grandes franquias, que muitas vezes parecem impessoais e repetitivas.

Criar uma experiência com café significa estimular o olfato, a visão, a audição, o tato e o paladar, visando ao bem-estar físico e mental dos consumidores.

O **aroma** é fundamental na criação da atmosfera perfeita e ideal para a experiência de saborear um café. O aroma embriaga, traz à tona lembranças, dá aconchego, entre tantas outras emoções. Esse é um elemento muito importante da experiência, que seria impossível de acontecer sem o aroma inconfundível do café. As cafeterias *roast in-house*, que torram os grãos no próprio local, têm um diferencial em relação às demais, pois é impossível não perceber o cheirinho de café recém-torrado no ar. O aroma sutil de flores e plantas também é muito bem-vindo, além de criar uma atmosfera agradável.

No café Bean at the Beach, na Austrália, foram expostas sacas com diferentes tipos de café (ver foto na página seguinte). A disposição dos grãos não somente exibe as opções de café para serem saboreados ou adquiridos, moídos ou não, mas também espalha os diferentes aromas que complementam o "cheirinho" da preparação.

A **visão** é sempre estimulada pelo projeto. Desse modo, cada pequeno detalhe vai influenciar os clientes, de modo favorável ou não. Por isso, todo cuidado é pouco! A iluminação pode ser pensada e disposta para iluminar, entre tantas coisas, o trajeto das pessoas e dos funcionários, a fim de criar uma atmosfera acolhedora (as pessoas estão precisando de aconchego), possibilitar a leitura de jornais e revistas, criar pontos focais e atrair cuidadosamente a clientela para dentro do estabelecimento comercial. A iluminação natural é bastante recomendada, pois assegura o funcionamento correto de nosso relógio biológico, garantindo bem-estar. Ambientes com pouca luz podem se tornar depressivos. Cores, texturas e objetos decorativos que remetam à natureza são uma boa opção para ajudar a criar uma atmosfera que reforce o bem-estar dos clientes.

O conforto ambiental deve ser uma das primeiras preocupações, no que se refere à temperatura e à umidade dentro dos ambientes (tato) assim como à qualidade auditiva. Nessa nova tendência, locais onde há bastante ruído e é muito difícil conversar são coisa do passado. A música deve ser leve e de fundo (música ambiente),

sem barulho de xícaras batendo ou funcionários falando alto. Uma atmosfera mais eletrizante deve ser privilégio de cafés onde o consumidor não permanece porque quer, mas porque ali é a sua única opção, ou por que o café está localizado no centro de uma cidade caótica e os clientes não têm mais do que dois minutos para beber (e não saborear) o seu cafezinho. Ventilação natural e grandes aberturas podem ajudar a garantir uma boa qualidade do ar, além de conectar o espaço interno ao externo (biofilia).

O **tato** está relacionado ao nosso corpo (conforto ambiental), às nossas mãos. É prazeroso sentar em uma poltrona macia, apoiar-se na madeira lisa dos braços das cadeiras, passar a mão pela superfície limpa e seca da mesa, não esquecendo da alça da xícara e dos copos que, apesar de quentes, não devem queimar os dedos dos clientes. Pegar e ler um cardápio deve ser agradável, e não uma aventura que pode deixar os dedos engordurados. Os balcões não devem estar úmidos, mas secos, limpos e agradáveis ao toque. Desse modo, o paladar será facilmente estimulado enquanto se saboreia um café e os acompanhamentos oferecidos.

9. Coffee house, cafeteria, coffee shop, coffee bar, espresso bar, cafés, bar ou bistrô?

A grande maioria dos livros, quando trata de locais de importância histórica (locais de agregação social e política) que serviam cafés, chama esses estabelecimentos de coffee house, independentemente de tamanho, distribuição ou qualquer outro detalhe referente ao espaço.

Entretanto, as casas que servem café hoje em dia são classificadas diferentemente, o que pode gerar confusão com os nomes, pois a maioria deles acaba por designar estabelecimentos que apresentam características físicas e de serviços que se complementam ou se sobrepõem, dependendo, entre outros fatores, da cultura do país onde se localizam.

Os materiais, as características espaciais, o tipo de iluminação, o mobiliário, as cores dos ambientes, etc. de cada um dos tipos de estabelecimento explicados a seguir irão variar não apenas segundo a classificação de serviços oferecidos, mas também de acordo com o público a que se destinam e as facilidades que são oferecidas aos clientes.

Coffee house

Coffee house é a denominação dada às cafeterias históricas e, atualmente, aos estabelecimentos comerciais que servem diferentes tipos de café e comidas leves, com certas características de bar ou restaurante.

Veremos, ao final do capítulo, que as demais denominações acabam por ser como que subcategorias das coffee houses.

Embora não haja registros históricos, as primeiras teriam surgido na Arábia Saudita por volta do século XVI. Entretanto, a primeira coffee house histórica de que se tem verdadeiramente registro é a de Constantinopla (atual Istambul), de 1555.

Quanto à primeira coffee house da Europa, há muita divergência sobre sua data de abertura: uns autores mencionam 1640; outros, 1645 ou até mesmo 1683, embora todos concordem quanto ao local: Veneza. Portanto, podemos afirmar que a primeira coffee house europeia abriu suas portas em meados do século XVII, na cidade de Veneza.

Na Itália, as coffee houses eram chamadas de *caffès* e a mais antiga delas, ainda hoje em funcionamento, é o Caffè Florian, inaugurado em 1720 na Piazza San Marco, em Veneza.

Confetteria Baratti & Milano, aberta em Turim, foi restaurada em 2003, voltando assim ao seu esplendor original de 1858, ano em que foi inaugurada. A fachada, os pisos e os balcões são de mármore; madeira nos móveis, lustres de cristal, tetos decorados como poucas vezes visto – ou

[126

seja, foi criada uma atmosfera e uma solução de design altamente sofisticada e imponente.

Na Inglaterra, as casas de café teriam surgido em 1652, e mulheres não eram autorizadas a frequentá-las. A palavra inglesa *tips* (gorjetas), que quer dizer *to insure prompt service* (para garantir serviço imediato), teria sido criada em 1652 em uma coffee house londrina onde teria sido escrita e exposta próxima a uma xícara de café em que deveria ser depositada a gorjeta.

Foi ainda no século XVII, em Viena, na Áustria, que a primeira casa da Europa Central foi aberta. Agora as coffee houses passariam a ser altamente luxuosas e sofisticadas, diferentemente das casas existentes até então. Foram abertas coffee houses cujos ambientes internos tinham um design bastante particular para a época.

De Viena, elas teriam viajado para a França, onde evoluiriam para a forma de bistrôs, ou *sidewalk cafés* (cafés na calçada).

Na Espanha, e mais recentemente no Brasil, as casas de café são conhecidas como "cafeterias", embora para alguns autores as cafeterias seriam totalmente diferentes das coffee houses.

Em sua versão contemporânea, as coffee houses têm uma distribuição espacial bastante flexível com diferentes mesas, poltronas, sofás, etc., o que possibilita diferentes soluções de agrupamentos do público consumidor.

Coffee shop

Para os norte-americanos, o coffee shop seria similar à nossa lanchonete, servindo um pouco de tudo: cafés, comidas leves, refrigerantes, sucos, etc.

Na Holanda, mais precisamente em Amsterdã, coffee shops são locais onde é possível consumir cânabis (maconha). No entanto, para algumas culturas, coffee shop e coffee house são estabelecimentos similares, que vendem café e outros tipos de bebida quente, além de comidas leves. Portanto, o coffee shop seria um tipo de coffee house.

Brunswick Food Store, inaugurado em 2011 no interior do esqueleto de um edifício histórico da cidade de Melbourne, Austrália, seria uma versão moderna, descontraída e informal de um coffee shop.

O visual mistura elementos que acrescentam certa frieza industrial para contrastar com o lado acolhedor da madeira. Seu espaço amplo é dividido em duas áreas: uma para cafés e comidas leves, outra com um pequeno "armazém". Baristas

garantem um excelente café e também vendem o produto já torrado e embalado.

Coffee bar ou espresso bar

Coffee bar, ou espresso bar, designa o estabelecimento com foco somente no café *espresso* e nos diferentes modos de preparação de bebidas à base de *espresso*.

O público dos coffee bars são os *connoisseurs*, ou seja, aquelas pessoas que realmente apreciam um café elaborado com grãos especiais, cujo aroma e sabor são cuidadosamente selecionados, e preparado por profissional qualificado, o barista.

O primeiro *espresso bar* teria surgido na Itália e, de lá, se espalhado pelo mundo, adquirindo novas leituras visando estabelecer uma relação fiel de engajamento (*terceiro lugar*) com consumidores de diferentes culturas.

A Starbucks Coffee é a maior e mais famosa rede de cafés dessa nova tendência, tendo sido copiada mundo afora. Hoje, entretanto, ampliou muito sua área de atuação, sendo classificada mais como coffee shop do que como coffee bar.

No seriado televisivo *Frasier*, dos anos 1990, por exemplo, o comportamento dos usuários quanto à exigência de um café perfeitamente preparado e as interações interpessoais nesse modelo de *terceiro lugar* foram aspectos altamente explorados.

Para a maioria dos autores, esses estabelecimentos comerciais também podem ser considerados um tipo de coffee house.

Patricia Coffee Brewers, na Austrália, teve uma solução de projeto simples mas bastante eficiente criada pelo Foolscap Studio. Num pequeno espaço semelhante a um corredor, o Patricia Coffee serve *espresso* e cafés em suas várias formas de extração, ou ainda bebidas diversas à base de *espresso*.

O *espresso bar* foi idealizado para um público-alvo bastante óbvio, formado por pessoas que trabalham no centro de Melbourne, apreciam um excelente café, mas têm pouco tempo disponível. Assim sendo, não precisa oferecer nenhuma opção para sentar.

Um dos principais pontos de interesse, além do próprio café – que, diga-se de passagem, é excelente –, seria o luminoso de neon instalado no teto. Para ampliar visualmente o pequeno espaço estreito e longo, teve, como solução de design, suas paredes pintadas de branco e o aproveitamento das grandes janelas existentes no local para aumentar a iluminação interna.

Os únicos "extras" oferecidos aos frequentadores são ganchos instalados na entrada, para pendurar capotes e assim liberar as mãos dos

consumidores, e jornais cujas páginas são afixadas em um mural para serem lidos em pé ao mesmo tempo que se segura a xícara e se saboreia o café.

Grãos para moer, pó para máquina de *espresso* ou para café filtrado são vendidos pelos baristas, que explicam cuidadosamente cada detalhe sobre os diferentes sabores e aromas à escolha dos clientes, seja para levar para casa ou para o trabalho, seja para saborear ali mesmo, em pé.

Cafés e bares

São denominações italianas para os locais onde podem ser consumidos cafés de todos os tipos e bebidas alcoólicas variadas. Esses estabelecimentos também são chamados de coffee shop ou coffee house (os históricos) por alguns autores.

Para os italianos, o café é uma bebida para ser tomada rapidamente, na maioria das vezes em pé no balcão, enquanto o *cappuccino* deve ser consumido somente no café da manhã, acompanhado de um *croissant* ou uma *pasta* (variedade de pão doce). Os italianos respeitam muito essa convenção, e talvez seja por isso que as cafeterias ou os coffee shops estejam demorando tanto a se difundir pelo país. As novas gerações com certeza irão se render a essa tendência mundial.

O Caffè Torino, aberto em 1903 em Turim, na Itália, é considerado coffee house por seu aspecto histórico; entretanto, é um café e ao mesmo tempo um bar, onde pode ser consumido qualquer tipo de café ou bebida alcoólica.

Seu interior, com refinada atmosfera *belle époque*, tem piso e bancadas de mármore, balcões de madeira ricamente trabalhados, tetos decorados e lustres de cristal, entre tantos outros detalhes de alto valor artístico.

O Caffè Torino foi palco de importantes momentos históricos e sociais da vida de Turim. Com mais de 100 anos, ainda mantém o mesmo interior do dia em que foi inaugurado, e continua a servir sua versão da famosa bebida típica turinense, o *bicerin*, do mesmo modo tradicional, ou seja, em copo de vidro com uma base de metal dotada de alça.

Bistrô ou sidewalk café

O bistrô seria a versão francesa das coffee houses e/ou coffee shops; ou seja, seria o café francês. Com visual e distribuição mais simples e aconchegante, apresenta alguns referenciais importantes em seu design, como as mesas da calçada com tampo de mármore redondo e pequeno e um pé centralizado, as cadeiras de vime e o famoso toldo. Aberto a todos, seu espaço

interno geralmente é composto por um ou dois ambientes, mas é na calçada que está a alma do bistrô, é da calçada que as pessoas podem contemplar bem de perto a vida lá fora.

O *sidewalk café* foi imediatamente aceito pelos franceses e depois passou a ser copiado, reformulado e difundido pelas demais culturas latinas e mediterrâneas.

Em São Paulo, o café Deli Paris é um exemplo de adaptação do bistrô francês, com mesas na calçada, ambiente simples e aconchegante e delícias da *pâtisserie* francesa.

O pintor Vincent van Gogh imortalizou o bistrô francês em seu famoso quadro *O Terraço do Café na Place du Forum, Arles, à Noite*, de 1888. Nessa tela, podem ser vistas as pequenas mesas, as cadeiras de diferentes modelos, o toldo tão tradicional dos bistrôs e as pessoas sentadas sozinhas ou acompanhadas na área externa do café.

10. As ondas das cafeterias: a evolução dos terceiros lugares

A história das cafeterias ou dos coffee shops pode ser subdividida em três diferentes *ondas* ou, melhor dizendo, três diferentes momentos na evolução das cafeterias.

Em cada um desses três momentos de evolução, as características físicas e espaciais, bem como os serviços e produtos oferecidos pelos estabelecimentos, diferiram bastante.

A razão para que as pessoas frequentem um coffee shop e façam dele o seu *terceiro lugar* também mudou e evoluiu com o passar do tempo até chegar ao que representa hoje, ou seja, um local para passar por uma experiência que envolva nossos cinco sentidos, correspondendo a uma nova forma de cultura, a do café.

A *primeira onda* das cafeterias: as coffee houses tradicionais

As primeiras coffee houses teriam sido abertas no início do século XVI, em Meca, no Cairo e em Constantinopla (atual Istambul). A primeira dessas casas de café de que se tem registro histórico é de meados do século XVI e situava-se em Constantinopla.

A princípio, esses locais serviam para beber café e jogar. Com o tempo, passaram a abrigar também reuniões de intelectuais e ficaram então conhecidos como "escolas dos cultos ou eruditos".

As coffee houses surgidas em diferentes países da Europa entre os séculos XVII e XIX teriam sido pontos de encontro dos que se opunham aos governos vigentes nos diferentes países.

São inúmeras as casas de café que se tornaram famosas, tanto como ponto de encontro de políticos oposicionistas quanto de intelectuais e artistas.

Na Inglaterra, a primeira coffee house foi aberta em Oxford, em meados do século XVII. Os cafés ou as coffee houses londrinas também foram instituições políticas. No texto intitulado "The Coffee Houses of London", do livro *The History of England From the Accession of James the Second*, o historiador inglês Thomas Babington Macaulay (1848, p. 362) afirma:

> [...] o número e a influência das coffee houses vinham crescendo [em Londres]. Estrangeiros mencionaram que as coffee houses eram o que distinguia Londres das outras cidades, que a coffee house era a casa dos londrinos e que aqueles que queriam encontrar um *gentleman* não perguntariam onde vivia, mas se ele frequentava o Grecian [de 1665, que atraía filósofos e intelectuais] ou o Rainbow [de 1657, a segunda casa de café de Londres].

A Alemanha teria entrado na *onda* das coffee houses por volta de 1673.

O Caffè Florian, ainda hoje em funcionamento na Piazza San Marco, em Veneza, foi inaugurado em 1720 e seria o mais antigo café da Itália. Durante a ocupação austríaca, teria sido o único local onde italianos e austríacos eram vistos lado a lado. Foi frequentado também por poetas, músicos e escritores de importância, como Goethe, Richard Wagner e Charles Dickens.

Foi em 12 de julho de 1789, no Le Grand Café de Foy, em Paris, que Camille Desmoulins discursou, convocando o povo francês a pegar em armas e levar avante a Revolução Francesa.

O Caffè Pedrocchi, de Pádua, na Itália, o Café Stehely, de Berlim, e o Central Kávéház, em Budapeste, na Hungria, são outros exemplos entre tantos existentes.

Durante o final do século XIX e início do XX, ou seja, durante a *belle époque*, as coffee houses teriam passado a ser também local de encontro de artistas, poetas e filósofos. Nesse sentido, ficaram famosas diversas coffee houses parisienses, como a Brasserie Lip, frequentada por Pablo Picasso, e o Café de La Paix, por Oscar Wilde. Em Barcelona, o Café de l'Opera, frequentado também por Picasso e Salvador Dalí; em Praga, o **Café Arco**, frequentado por Kafka, entre tantos outros exemplos.

Chamadas de históricas e literárias, as coffee houses da primeira geração (*onda*) tiveram considerável importância na vida política, social, econômica e cultural de diferentes sociedades. Infelizmente, grande parte delas não sobreviveu aos novos tempos.

A *PRIMEIRA ONDA* NO MUNDO

A seguir, é mostrado esse universo de *terceiros lugares* com alguns exemplos de locais ainda hoje em funcionamento e que apresentam um design interessante, que chama a atenção de nossos olhos assim que entramos. Alguns deles não pertencem à lista dos mais famosos do mundo, mas foram escolhidos porque são inspiradores, inovadores e com uma atmosfera que justifica sua presença neste livro.

O objetivo é não mostrar o óbvio, mas sim algumas das pérolas escondidas!

Vale dizer que esses mesmos critérios foram também aplicados para a escolha dos locais da *segunda* e *terceira onda* dos cafés, tratados na sequência.

Áustria

A maioria dos livros sobre a história do café menciona que as coffee houses sofreram alterações e adaptações em seu visual interno e externo quando chegaram a Viena em meados do século XVII. Com um estilo mais sofisticado, teriam iniciado assim a tradição e a cultura das coffee houses vienenses, tão apreciadas pelo mundo afora.

Os terraços externos privativos e os cafés com chantili passam então a ditar uma tendência que seria copiada por diversos países da Europa.

Tão famosas quanto as casas de café seriam as tortas vienenses que sempre acompanham a bebida, principalmente a torta Sacher, ou ainda a *Linzer Torte*, criada em 1653 e tida (pelos austríacos!) como a mais antiga do mundo.

As coffee houses, especialmente as de Viena, também serviram como ponto de encontro de intelectuais e revolucionários. Infelizmente, grande parte delas não sobreviveu às guerras, restando somente alguns exemplos originais que ainda podem ser frequentados.

O **Café Central**, fundado em 1906 em Viena, foi danificado durante a Segunda Guerra Mundial e fechado em 1943. Foi restaurado entre 1978 e 1980, sendo então reaberto. É um dos mais famosos da capital austríaca, e teria sido frequentado por Beethoven, Goethe e Trótski,

entre outros. Com um interior bastante luxuoso, aprecia-se aí um excelente café, quase sempre ao som do piano tocado pelo pianista da casa.

Ainda em Viena, o Café Landtmann, inaugurado em 1873, era o favorito de Sigmund Freud, o "pai da psicanálise". Já o Café Spelr, fundado em 1880, é reconhecido pelos vienenses como uma das poucas casas de café com interior e "atmosfera" original do século XIX.

Outra casa de café historicamente importante é o Café Tomaselli, em Salzburgo. Inaugurado no princípio do século XVIII, era frequentado pelo pai de Mozart e por artistas, intelectuais, escritores e estudantes. Seus frequentadores atuais ocupam os dois andares e o balcão superior, em busca de um bom café ao mais fiel estilo vienense.

139]

Croácia

A primeira coffee house da Croácia teria sido aberta na capital, Zagreb, em 1748, e, já no final do século XVIII, outros estabelecimentos similares teriam sido inaugurados pela cidade.

Entretanto, foi somente em meados do século XIX que esses locais "onde se bebe café ou se passa o tempo em companhia de jornais ou de amigos" ficariam populares e expandiriam para diversas cidades do país.

Na Croácia, as coffee houses também foram frequentadas por artistas, intelectuais e políticos que se engajavam em discussões sobre os mais variados temas.

Palainovka Café
ILIRSKI TRG, 1 – ZAGREB, CROÁCIA

Aberto por volta de 1846 na parte alta da cidade de Zagreb, esse estabelecimento passou por vários donos.

Ficou conhecido como o ponto de encontro dos intelectuais e da elite da cidade de Zagreb no século XIX. Durante os anos 1970, ficou famoso entre os estudantes da cidade e, atualmente, é frequentado por intelectuais e reconhecido como bar *cult*.

Permaneceu fechado durante um período reabrindo em 2012 com visual bastante diferente da coffee house original, porém mantendo o carisma do antigo café.

Seu espaço interno é relativamente pequeno, mas aconchegante, e seu novo design procura misturar um pouco do novo com o tradicional. Simples porém original, tem uma atmosfera interessante, que justifica o lado *cult* também esteticamente, e não somente pelo tipo de frequência do café.

O relógio na cúpula central no teto é a sua marca registrada. No verão, o espaço incorpora mesas externas em um pequeno jardim na frente do prédio.

Estados Unidos
Nos Estados Unidos, a coffee house Caffè Reggio, fundada em 1927, é a mais antiga do Greenwich Village, em Nova York. Ficou famosa por levar ao país o famoso *cappuccino* italiano, logo após ter sido introduzido na Itália.

A máquina de café *espresso* comprada por Domenico Parisi, então proprietário do café, é de 1902 e teria sido o primeiro exemplar de exterior cromado e ornamentado em bronze, ou seja, com um design particular, além da fantástica tecnologia da máquina em si. Exposta no interior do café, é uma peça que merece ser vista.

O café foi cenário de alguns filmes famosos, como *Carta ao Kremlin*, de 1970, e *Próxima parada: bairro boêmio*, de 1976. Seu interior expõe peças da Renascença italiana, quadros e peças de antiquariato.

Hungria

As coffee houses húngaras seguiram os padrões austríacos até o começo do século XIX, quando uma certa tendência antiaustríaca desenvolveu-se entre a população. A principal cidade da Hungria é sua capital Budapeste, com uma grande tradição de coffee houses como ponto de encontro de intelectuais, revolucionários, escritores e artistas. Chega a ter 500 casas de café seguindo os modelos vienense e parisiense, embora a forma de preparar o café tenha tido influência turca, ou seja, fervido e forte, além de servido açucarado e sem filtrar.

O Café Gerbeaud, aberto em 1884 em Budapeste, foi uma das mais importantes coffee houses do período do Império Austro-húngaro juntamente com o Café Central e o New York Café, que veremos a seguir.

New York Café
ERZSÉBET KÖRÚT 9-11 - BUDAPESTE, HUNGRIA

Na Hungria, a coffee house New York Café foi uma das mais famosas entre os intelectuais de Budapeste, e ainda hoje atrai muitos frequentadores graças à força de seu design.

Aberta em 1894 por Sándor Steuer, membro de uma família ligada ao mundo do café, foi eleita o palco de encontro de escritores, jornalistas e artistas.

Após altos e baixos sofridos com guerras, crises mundiais, fechamento temporário e várias reformas, o local foi reaberto em 2006, seguindo os passos do design original e acrescentando ligeiros detalhes modernos.

Seu prédio, uma construção muito grande, foi transformado em hotel, restaurante e café. Todos mantiveram o mesmo luxo, imponência e refinamento.

Em sua porta de entrada e nas paredes externas, ostenta faunos representantes do café e da

meditação que seguram majestosamente lanternas. Desde a entrada, a força dos elementos decorativos já anuncia um ambiente suntuoso.

Bastante luxuoso, com tetos, vigas e pilares ricamente decorados, seu design baseou-se esteticamente na Renascença italiana e no estilo barroco (sempre com muita informação e detalhes).

A formalidade dos materiais (mármore, veludo, bronze, cristal, etc.), suavizada pelas linhas curvas espalhadas em diversos detalhes da composição, prevalece nos ambientes. Colunas muito decoradas marcam e alongam o pé-direito, já alto. O trabalho dos artesãos é esplêndido e impecável.

Junto às grandes janelas que circundam o café, encontramos as mesas mais disputadas pelos frequentadores, como em quase todos os cafés. Essas mesas, estrategicamente colocadas, permitem que aqueles que ali se sentam participem passivamente da vida que ocorre lá fora, além de criar o local ideal para as pessoas sozinhas que buscam degustar um café lendo seu jornal ou apreciando a paisagem.

Itália

A Itália tem uma cultura bastante particular quando se trata do prazer de degustar um café. A coffee house italiana é assim chamada somente pelo seu componente histórico, pois na realidade é conhecida na Itália como *caffè* ou *bar*.

A cultura de saborear o café, ou *coffee culture*, teria começado no país em Veneza (porto), que chegou a ter, no século XVIII, cerca de duzentas coffee houses distribuídas ao longo de seus canais.

A princípio, a bebida era tomada somente como remédio e tinha um custo bastante alto. Com a futura expansão das plantações nas colônias europeias, o preço da bebida viria a tornar-se mais popular e acessível, aumentando as condições favoráveis para a abertura de coffee houses.

A popularidade do café espalhou-se por Verona, Milão e Turim, onde foram abertas inúmeras coffee houses elegantes e em funcionamento até hoje.

Roma seria a próxima cidade e, a partir de lá, a notícia da bebida negra se espalharia ainda mais pela península, trazendo como consequência a abertura de cafés por toda a Itália, incluindo a Sicília e as cidades portuárias de Nápoles e Bari.

São inúmeros os cafés históricos espalhados pelo país, como o Caffè Grecco, em Roma; o Caffè Pedrocchi, em Pádua; o Caffè Fiorio, em Turim, entre tantos outros. Na Itália, podem coexistir facilmente na mesma calçada mais de um exemplo que será sempre rico de história e detalhes.

Várias coffee houses foram visitadas e selecionaram-se a seguir alguns dos cafés que ainda estão abertos ao público e que, embora possam não ser tão conhecidos no exterior, apresentam elementos diferenciadores em seu design e são interessantes, além de importantes para a comunidade.

Antico Caffè Torinese
CORSO ITALIA, 2 – TRIESTE, ITÁLIA

Um dos dez cafés históricos de Trieste, o **Antico Caffè Torinese** foi fundado em 1915 e é considerado, para a época, um café "além do seu tempo", tanto por sua funcionalidade quanto pelo uso em sua decoração de materiais como *marine plywood* (compensado naval) e bronze com detalhes em alumínio.

A funcionalidade é visível, já que seu espaço é composto por apenas um ambiente, mas setorizado de modo bastante prático, com seu balcão em forma de "L". O pé-direito alto e a janela com grande painel de vidro são pontos favoráveis do projeto.

As mesas de mármore são poucas e pequenas. As paredes e o teto são revestidos por painéis de madeira reminiscentes da *belle époque*, e a iluminação geral é feita por um magnífico lustre de cristal.

O balcão, cujo tampo de mármore tem uma borda de latão ricamente trabalhada, é o ponto focal do ambiente. Esse *café bar* é refinado, aconchegante e faz seus frequentadores voltarem no tempo.

Caffè Meletti
PIAZZA DEL POPPOLO, 2 - ASCOLI PICENO, ITÁLIA

Inaugurado em 1907 e considerado pelo governo italiano como local de interesse histórico e artístico, o Caffé Meletti foi totalmente restaurado em 2011, trazendo de volta o *glamour* do estilo *liberty* de sua decoração original.

O interior é rico em detalhes ornamentais, como o afresco do teto, os belíssimos lustres de cristal de Murano, as mesas de mármore de Carrara, as cadeiras Thonet e os bancos com assento de veludo verde. Uma coluna de ferro fundido e majestosos espelhos, que ampliam e clareiam ainda mais o espaço, são também pontos altos da decoração. Seu espaço interno é bastante amplo e dividido em três ambientes bem definidos: um para se tomar o café em pé, um para saborear o café sentado e outro para a compra de doces.

A arquitetura de seu prédio é do século XIX, apresentando pórticos e afrescos que seguem o mesmo padrão de detalhes internos, bem como a mesma importância histórica.

O local foi importante no passado como coffee house escolhida para encontros socioculturais. Atualmente, representa um raro documento do estilo *liberty*, digno de ser apreciado.

República Tcheca

Como não poderia deixar de ser, também na República Tcheca (parte da antiga Tchecoslováquia) as coffee houses foram o local preferido de intelectuais, políticos e artistas, especialmente na capital, Praga, que mesmo antes da Primeira Guerra Mundial já contava com aproximadamente 160 cafés. Prova dessa quantidade de coffee houses está em um mapa exposto no interior de um dos famosos cafés da cidade, o Café Louvre, que veremos adiante.

Café Imperial
NA POŘÍČÍ, 15 – PRAGA, REPÚBLICA TCHECA

O Café Imperial está instalado dentro do Prague Imperial Hotel, listado como monumento histórico de Praga. Inaugurado por volta de 1914, em estilo *art nouveau*, é de beleza singular e diferenciada. O café e o hotel foram totalmente restaurados entre 2005 e 2007.

O acesso externo à coffee house, entretanto, é bastante simples e não faz jus ao magnífico interior que ostenta. Quando se entra pela primeira vez no café, é imediata a surpresa com o que se vê.

O teto dos ambientes foi totalmente revestido por um mosaico cheio de detalhes florais. As paredes e os pilares foram recobertos até a metade com uma fantástica combinação de cerâmicas brancas. A temática do trabalho do mosaico

e das cerâmicas, com flores e animais, faz lembrar os estilos mouro e oriental.

Quanto mais se observam os pequenos detalhes e a perfeição das cerâmicas utilizadas nas composições, mais se notam a preciosidade e a importância do trabalho em branco, tons de amarelo, mostarda e verde.

A área do café é relativamente grande e subdividida em ambientes que se distinguem pelas diferentes opções de mesas e cadeiras.

Os grandes painéis de vidro que compõem as janelas permitem observar a vida em Praga, saboreando um *vídeňská káva* (ver receita no capítulo 6, "Harmonizações e combinações clássicas e exóticas").

Kavárna Slavia
SMETANOVO NÁBŘEŽÍ, 2 – PRAGA, REPÚBLICA TCHECA

Conhecido como a mais famosa coffee house ou café de Praga, o Kavárna Slavia, ou Café Slavia, foi aberto em 1881, próximo e no mesmo ano do também famoso National Theatre (Teatro Nacional).

Sua localização estratégica e os grandes painéis de vidro que compõem suas janelas permitem que a vida "lá fora" seja observada sem pressa e sem interferência, como teria acontecido durante os mais importantes eventos políticos vividos em Praga e assistidos tranquilamente pelos frequentadores do café.

Assim tem sido desde o início de seu funcionamento, quando se tornou o *terceiro lugar* de "anticomunistas" dissidentes, como o ex-presidente Václav Havel, e artistas e intelectuais de língua alemã, como o escritor Franz Kafka.

Na época da Primeira República da então Tchecoslováquia (1918-1938), ou mais precisamente em 1930, o Café Slavia teve seu interior decorado segundo o estilo popular da época, ou seja, o *art déco*, e segue a mesma proposta visual desde então.

Infelizmente, com a ascensão do comunismo e o fim da propriedade privada em 1989, o Café Slavia foi fechado. Em 1997, graças aos esforços de um grupo de pessoas, entre as quais se incluía Václav Havel, o café foi reaberto e voltou ao seu glorioso visual *art déco*.

Café Louvre
NÁRODNÍ, 22 – PRAGA, REPÚBLICA TCHECA

Fundada em 1902, essa coffee house ainda está em funcionamento em seu endereço original. Seu espaço é amplo, chegando mesmo a ser considerado um complexo de diferentes áreas, como terraço, cafés, restaurante, *pâtisserie*, sala de bilhar e *lounge*, que podem chegar a acomodar até trezentas pessoas em caso de festas ou eventos.

O café é um dos mais famosos de Praga, e foi frequentado por senhoras da alta sociedade, e por artistas e escritores que faziam dele seu local de trabalho. Encontravam-se ali diferentes grupos, comitês ou associações de arte e o Círculo Alemão de Filosofia. Entre seus

famosos frequentadores estão Franz Kafka e Albert Einstein, este último, durante o período em que lecionou na Universidade Alemã de Praga.

Com o golpe comunista de 1948, o café foi fechado e tudo que havia dentro dele teria sido destruído. Foi somente em 1992 que passou por uma reconstrução, sendo reestruturado seguindo algumas características do design original.

O café está instalado no primeiro andar do edifício que o abriga, e o acesso é feito por uma escada de mármore circundada por paredes que expõem fotos de antigos cafés de Praga.

Em seu *lobby* superior, encontra-se um mapa interativo muito bem preservado, que localiza os 160 cafés existentes em Praga antes da Primeira Guerra Mundial, que em sua maioria, infelizmente, não existe mais.

O estilo adotado ainda é o mesmo de sua inauguração, o *belle époque*, com paredes, molduras e arcos pintados em rosa e creme. A atmosfera é bastante aconchegante e isenta de detalhes superficiais.

A *PRIMEIRA ONDA* NO BRASIL

As cafeterias surgiram no Brasil muito tempo depois das famosas coffee houses europeias, uma vez que, como se sabe, anos antes de o café chegar ao nosso país, ele já era saboreado no exterior.

Os primeiros cafés ou casas de café, posteriormente chamados de cafeterias, chegaram ao Brasil como cópias dos modelos europeus.

Embora não se tenha registro exato das datas de início das atividades de muitos cafés, sabe-se que Rio de Janeiro, São Paulo e Santos (porto exportador do café) foram os primeiros a oferecer à população um novo tipo de estabelecimento no qual se podia saborear um café enquanto se fechavam negócios importantes, "se jogava conversa fora" ou se discutia política, arte e negócios.

Confeitaria Colombo
RUA GONÇALVES DIAS, 32 – RIO DE JANEIRO, BRASIL

A **Confeitaria Colombo**, inaugurada em 1894 no centro do Rio de Janeiro e é uma das mais antigas "confeitarias-cafeterias" brasileiras. Seus frequentadores eram artistas, políticos e intelectuais, como Chiquinha Gonzaga, Lima Barreto, Getúlio Vargas, entre outros. Entretanto, diferentemente da maioria dos cafés, também era local onde famílias se reuniam para saborear um bom café. Até hoje em funcionamento no mesmo endereço, a Colombo mantém o mesmo estilo e as mesmas características originais, com ambientes sofisticados e ricamente decorados.

O **Café Nice**, inaugurado em 1928, no centro da então capital federal, Rio de Janeiro, é tido como o mais famoso e boêmio café que tivemos no Brasil. Seu nome homenageava a cidade francesa de mesmo nome, e seu estilo seguia o estilo parisiense. Inaugurado na av. Rio Branco 174, foi ponto de encontro de compositores e músicos na época de "ouro" da música popular brasileira. Pode-se dizer que se tornou sede da MPB. Por lá passaram Ary Barroso, Mário Lago, Cartola, Noel Rosa, Ismael Silva e Marçal, entre tantos outros expoentes da MPB e do samba. Infelizmente, o Café Nice encerrou suas atividades por volta de 1956, existindo apenas por 28 anos.

Em Santos, foram vários os estabelecimentos abertos, principalmente no centro da cidade, quando a vida fervilhava com o sucesso da economia cafeeira. Entre eles, destaca-se o **Café Paulista**, fundado em 1911, na praça Rui Barbosa, e ainda hoje em funcionamento no mesmo local.

Segundo Laire Giraud, trata-se do mais antigo estabelecimento da cidade de Santos e a maioria de seus frequentadores era formada por elegantes corretores de café vestindo terno e chapéu, os quais aguardavam sentados junto às

de um *dôme*, isto é, um domo (espécie de cúpula), marca registrada da rede (ver foto na página ao lado).

O espaço interno é sempre dividido em diferentes áreas com o uso de divisórias baixas que incorporam, em muitos casos, assentos e mesas fixas. Uma área com algumas mesas e cadeiras soltas permite flexibilidade de agregação (agrupamento), caso seja necessário. Outra área, junto às janelas, é sempre reservada à composição com duas confortáveis poltronas de couro. Quando o espaço permite, sofás com mesa de centro complementam as opções para sentar.

As cores verde, marrom e dourado complementam o visual clássico dos coffee shops da rede, fazendo uma certa referência ao estilo inglês.

A frequência é bastante diversificada, já que a atmosfera é bastante acolhedora e, de certa forma, segura.

Os diferentes tipos de bebidas à base de café, preparados por baristas, utilizam grãos selecionados e torrados pela própria empresa. Esses grãos também podem ser adquiridos em embalagens já prontas, ou mesmo a granel, em qualquer uma das lojas.

Áustria

Como foi visto, os cafés vienenses ficaram bastante famosos pela sofisticação e pelo requinte que agregaram às coffee houses e pelo tradicional creme ou chantili adicionado ao café, sempre acompanhado de um copo de água. Além dessa combinação original, as cafeterias vienenses servem outras bebidas tradicionais à base de café:

- » *schwarzer* – café forte, parecido com o *espresso*;
- » *brauner* – café com creme;
- » *kapuziner* – café com um "pouquinho" de leite;
- » *melange* – café similar ao *cappuccino*;
- » *einspänner* – moka com chantili;
- » *fiaker* – moka com *brandy*.

O **Aida Café** foi fundado em Viena, em 1913, e todas as suas lojas sobreviveram às duas grandes guerras. Servindo o mais tradicional "café vienense", o **Aida Café** desenvolveu uma marca forte e um *branding* facilmente reconhecível em todas as suas filiais.

Hoje denominada **Aida Café-Konditorei**, a rede conta com mais de 34 coffee shops espalhados pela Áustria e por vários outros países europeus.

Aida Café – Zagreb
TRG BANA JOSIPA JELAČIĆA 7 – ZAGREB, CROÁCIA

A filial em Zagreb, na Croácia, foi inaugurada em 2014 e apresenta um design muito interessante. Seu interior com pé-direito bastante alto e suas paredes revestidas de mármore criam uma atmosfera diferenciada ao expor, pendurada ao teto, uma grande escultura de parte de um instrumento musical fazendo referência a Viena, origem da marca.

Outro centro de interesse, muito criativo, é a escultura feita com xícaras, logo atrás da máquina de café.

O rosa e o marrom são as cores da marca, e estão presentes em vários detalhes, como nos guarda-sóis das mesas externas, na iluminação do balcão e nas embalagens de café.

Um pequeno detalhe de design que certamente enfatiza a preocupação de uma proposta voltada para o conforto dos clientes é a pequena prateleira de apoio junto ao balcão de doces. Posicionada na altura dos joelhos, serve para que os consumidores apoiem as sacolas enquanto pagam ou escolhem o que desejam. Interessante notar que é utilizada de maneira quase inconsciente por todos que carregam sacolas, já que elas, a princípio, ficam apoiadas naturalmente nessa prateleira sem que os clientes notem; momentos depois, os usuários, ao perceberem que a sacola está devidamente apoiada, relaxam e liberam os braços.

Inglaterra

Assim como na Austrália, as grandes redes de cafeterias não conseguiram entrar na Inglaterra com a mesma força com que penetraram em outros mercados. Lá, como na Austrália, o modelo de rede de cafeteria dominante é o local.

O **Caffè Nero**, aberto em 1990, é um modelo bem-sucedido de rede de cafeterias, com mais de 560 lojas no país e no exterior. Utilizando seu próprio blend de café 100% italiano e sob o *slogan* "The Italian Coffee Cº", desenvolve projetos de design para suas lojas totalmente focados nas características das comunidades locais; portanto, cada projeto difere do outro. Suas cores são o azul e o preto, e estão presentes em quase todos letreiros e fachadas.

O **Costa Coffee**, empresa fundada em Londres, em 1971, pelos irmãos Sergio e Bruno Costa, teve sua primeira filial inaugurada em 1978. Em 1995, a rede já contava com 41 lojas pela Inglaterra, e hoje possui 4 mil coffee shops pelo mundo.

A empresa também ficou conhecida por incorporar ao seu rol de bebidas à base de café o *flat white*, café *espresso* com leite e uma pequena camada de espuma de leite, criado na Austrália.

A rede é conhecida pela qualidade de suas cafeterias, destacando-se desde os grãos selecionados até os baristas especialmente treinados e aptos a preparar mais do que um simples café. Para a empresa, o design também segue as diretrizes da comunidade em que será instalada a loja; portanto, cada cafeteria tem características físicas, visuais e culturais próprias.

Costa Coffee – Budapeste
GROUND FLOOR, ROOSEVELT 7/8 CENTER, SZÉCHENYI ISTVÁN TÉR 7-8, BUDAPESTE, HUNGRIA

Nesta filial, a iluminação foi concentrada no painel de fundo, a fim de atrair o olhar de quem passa, pois essa cafeteria foi instalada no *hall* interno de um grande edifício comercial. Muito interessante foi a solução de agregar os sofás do *hall* como opção para sentar e degustar um café. Com cores quentes e diferentes soluções de mesas, que incluem cadeiras e poltronas, esse coffee shop tem uma atmosfera bastante aconchegante.

O luminoso da entrada, as cores, os balcões e a sinalização interna definem o *branding* da marca, ou seja, fazem com que ela seja reconhecida por seus frequentadores. Esse reconhecimento visual seria como uma garantia de que ali se poderá consumir um café de qualidade atestado pela empresa.

Itália

A cultura de saborear o café é bastante particular na Itália. Acredito que esse seja o motivo da ausência de redes de cafeterias estrangeiras no país, e de existirem poucos estabelecimentos que divulgam o fato de prepararem bebidas especiais à base de café.

A começar pelo modo como a maioria dos italianos bebe o seu café – depressa e em pé, e *cappuccino* somente no café da manhã –, parece estranho que a filosofia dos coffee shops seja algo de que o país precise ou sinta falta.

Mas essa cultura vem se modificando aos poucos com as novas gerações, que já conhecem nomes como Starbucks e Costa Coffee de viagens feitas a Praga, Estados Unidos ou Londres, por exemplo.

Marcas famosas de café, como Illy, Pascucci, Lavazza, Segafredo, Kimbo, etc., estão espalhadas por diferentes cafés e bares da Itália. Como a maioria dos cafés italianos pertence a pequenos proprietários locais, não houve necessidade de grandes redes divulgarem no país produtos de qualidade.

Atualmente, parte desses produtores de café está expandindo seu campo de atuação, com a criação de novos *blends* de cafés especiais e exploração de quiosques próprios e algumas unidades de cafeterias. A Illy Caffè, por exemplo, abriu em setembro de 2014 a sua 16ª loja

Espressamente Illy na Coreia do Sul. Entretanto, essas novas lojas já pertenceriam à *terceira onda* das cafeterias, da qual trataremos mais adiante.

Podemos citar como exemplo de rede de cafeterias italiana a cadeia AutoGrill, com lojas instaladas principalmente ao longo de autoestradas e com um *branding* bastante forte, que é conhecido dos italianos e turistas que viajam de carro.

Com o slogan: "Há sempre uma história de café para ser vivida ao longo da sua viagem", a rede localizada junto às mais importantes autoestradas da Itália e em algumas estrangeiras teve que aderir à nova tendência de servir café de qualidade e diferentes bebidas à base de *espresso*.

A rede associou-se à marca de café Kimbo, e transformou suas cafeterias em uma espécie de "local ideal" para fazer uma pausa na viagem e tomar um bom café.

A *SEGUNDA ONDA* NO BRASIL

No Brasil, a partir dos anos 1960, com a mudança dos hábitos e de frequentadores, os cafés tiveram de mudar e adaptar-se aos novos costumes. As lanchonetes despontaram como a nova opção de estabelecimento, muito mais lucrativo e diversificado.

O **Café do Ponto** foi fundado nos anos 1950 como café "produto", ou seja, como empresa de torrefação de grãos, e abriu em São Paulo sua primeira cafeteria nos anos 1970, na qual passou a utilizar grãos especiais de todo o mundo e também aromatizados. Atualmente, conta com mais de 3,5 mil cafeterias pelo país, oferecendo 12 tipos diferentes de café *espresso*.

O **Frans Café** inaugurou sua primeira loja em 1972, no interior de São Paulo. Francisco Conte, seu proprietário, resolveu inovar no modo de servir e tomar café, adotando uma opção mais requintada, com ambientes aconchegantes. Em 1988, com mais um sócio, abriu uma filial com atendimento 24 horas em São Paulo, no tradicional Edifício Itália.

A **Casa do Pão de Queijo** inaugurou na Rua Aurora no centro de São Paulo sua primeira loja em 1966. Nos anos 1980 já contava com 13 lojas próprias e, em 2005, já superava 700 lojas franqueadas pelo Brasil. Além de seu carro-chefe, o pão de queijo, suas cafeterias servem um *blend* próprio de grãos 100% arábica em diversas bebidas quentes e frias.

A *terceira onda* das cafeterias

A *terceira onda* do café e dos locais de consumo[1]

O café, entendido como produto servido em uma xícara e consumido em um ambiente dedicado a ele, está em contínua evolução, vivendo, hoje, mais uma grandiosa mudança.

No pós-guerra, no mundo anglo-saxão e nos Estados Unidos, o café era principalmente consumido filtrado, em xícaras grandes e em locais destinados a refeições. Esses ambientes e esse modelo de serviço são identificados no mundo do café como a *primeira onda americana*.

Falamos de um consumo grande, de litros de café fraco, bebidos diariamente em canecas, frequentemente alongados com leite ou creme de leite mais ou menos denso.

Diferentemente do que acontece nesses lugares, na Itália e nos países latinos –

---

1   O texto original, em italiano, pode ser consultado no Anexo 2 (p. 217).

onde a máquina de *espresso* se difundiu rapidamente, substituindo todos os outros modos de extração –, já se estaria vivendo a *segunda onda* do café.

Contemporaneamente ao que ocorria no norte do mundo, no sul da Europa eram instaladas milhares de máquinas de *espresso*; surgiam as casas de doces (confeitarias) com *espresso*, as cafeterias, os bares e os clubes sociais; até mesmo os restaurantes adquiriam aquela máquina que fazia o café com tanta rapidez.

No sul da Europa, a *primeira onda* já havia sido encerrada, com os cafés históricos e exclusivos, e a *segunda onda* nos acompanha desde o pós-guerra até hoje.

Caracterizando essa *segunda onda*, onda prevalentemente sul europeia, encontra-se a máquina de *espresso*, que permite servir ao público cafés e *cappuccinos* de modo relativamente rápido, com sabor razoavelmente bom e a um preço acessível a todos.

Nos anos 1980, nos Estados Unidos e no norte da Europa, difundem-se as grandes redes de coffee shops. Starbucks, Costa, Caffè Nero, Gloria Jeans e tantos outros grupos espalham-se rapidamente, causando impacto e preenchendo uma lacuna de mercado que já havia sido ocupada no sul por pequenos empreendedores locais e pelas cooperativas.

As cadeias de coffee shops e as receitas de bebidas à base de café com leite vaporizado que se podem consumir nesses estabelecimentos fazem parte das grandes mudanças. As redes de cafeterias, com Starbucks na liderança, representam a *segunda onda americana* do café.

Atualmente, vivemos a *terceira onda* das cafeterias em boa parte do mundo. As cafeterias transformaram-se em lugares criativos, caracterizados por mobiliário de estilo jovem e informal, áreas que podem servir para diferentes propostas, de oficinas de bicicletas a exposições artísticas, de motocicletas *café racer* a livrarias.

Qualquer que seja o tema desses locais, o centro do projeto será sempre o barista.

Esses espaços são projetados para homens e mulheres que desenvolvem o trabalho de barista com muita paixão. Uma paixão que desemboca em uma belíssima e obsessiva vontade de educar o consumidor.

Os baristas tradicionais se transformaram em pessoas extremamente preparadas, que leem tudo sobre café e sobre o produto que oferecem na cafeteria. Os baristas se tornaram verdadeiros educadores (da cultura do café) graças ao dedicado estudo, à atenção voltada para a qualidade e à execução extremamente atenta das receitas das bebidas à base de café, e frequentemente aplicando a *latte art*.

Como tatuadores e muitas vezes com o mesmo estilo e *look*, dedicam grande atenção à decoração de um *cappuccino*. A *latte art* está se difundindo e se tornando um "algo a mais" na apresentação, um sinal diferenciador da capacidade de quem prepara o café.

Os baristas da *terceira onda* difundem a cultura de saborear café e conhecem todos os sistemas de extração, não se limitando a extrair um *espresso* ou um *cappuccino*, mas estando capacitados a servir um *cold brew* (café extraído a frio), um café turco ou um café percolado à mão.

Os baristas da *terceira onda* não deixam de promover a integridade original do produto oferecido (uma origem com história para contar) e do produto biológico (orgânico),
nem deixam de falar e de difundir a cultura do comércio ecossolidário (ecológico) e do canal direto de compra com os agricultores. Como um *sommelier*, esses baristas estão aptos a descrever o que o cliente irá consumir.

As pessoas que frequentam tais lugares são em geral cultas, viajantes cosmopolitas que apreciam peças de mobiliário novas, sabiamente combinadas com peças usadas em estilo *vintage*, selecionadas cuidadosamente e com tendência ao acabamento natural.

Os baristas trabalham em locais totalmente artesanais, ou mesmo em ambientes criados por redes inovadoras de coffee shops que promovem a mesma filosofia. São verdadeiros promotores da qualidade, do conhecimento e do aprimoramento do mundo em que vivemos.

Os baristas são o coração da *terceira onda* mundial do café.

SENHOR MARIO PASCUCCI
CEO da Caffè Pascucci Torrefazione SPA

CAFÉS ESPECIAIS, BARISTAS E CONCEITO DE PROJETO DIFERENCIADO

As cafeterias consideradas da *terceira onda* optam por cafés especiais como um diferencial de sabor para seus clientes. Muitos baristas e/ou proprietários costumam viajar para os países produtores à procura de cafés especiais. Tal procedimento traz a cadeia produtiva mais próxima dos consumidores finais, valorizando cada vez mais o setor. Essa é uma tendência muito forte nos locais da *terceira onda*.

Entre as cafeterias da *terceira onda*, poderemos encontrar diversas tipologias de design, já que a disputa por uma clientela específica torna necessária a criação de espaços com diferentes propostas, para que esses locais acabem por se destacar num universo bastante competitivo.

No Brasil, são várias as cafeterias ou os coffee shops pertencentes à *terceira onda*, e muitas ainda estão por abrir.

O Armazém do Café, no Rio de Janeiro, iniciou suas atividades em 1997. Utiliza, produz e vende 8 tipos de cafés especiais brasileiros. Utiliza as cores marrom, amarelo e azul, e projetos diferenciados para cada cafeteria, colocando sempre em exposição algumas peças antigas que fazem referência ao café.

Na Itália, como já foi mencionado, a situação das cafeterias e dos coffee shops é um tanto diferente do resto do mundo. "Berço" do *espresso*, o país nunca precisou que seus habitantes buscassem um local específico para saborear um bom café, ele podia e ainda pode ser encontrado em qualquer um dos inúmeros cafés espalhados pelas ruas de qualquer cidade. A tendência e "moda" das cafeterias *gourmet* está apenas começando a tomar forma no país. O que vem acontecendo é que os principais produtores italianos de café que têm buscado espaço em outros países da Europa e principalmente da Ásia estão tendo de adaptar-se ao estilo das cafeterias *gourmets* exigido pelos novos consumidores. Exemplo disso é o Caffè Pascucci, que iniciou suas atividades logo após a Segunda Guerra Mundial e hoje está presente em mais de 16 países, entre eles o Brasil com as lojas Pascucci Caffè.

Com projetos bastante personalizados e dinâmicos, café de excelente qualidade e baristas treinados pela própria empresa, seus espaços procuram tornar-se o *terceiro lugar* de vários consumidores em diferentes culturas.

Com enfoque em projetos diferenciados e adaptados a cada novo local, os coffee shops da rede Pascucci diferenciam-se pelo design interno, mantendo pouca ou quase nenhuma semelhança entre as lojas. Para a empresa, o importante é que os consumidores, além de reconhecer a marca Pascucci, gostem do local e se sintam bem nele.

Caffè Pascucci

2 HAENGAM-DONG, NAM-GU, KWANGJU –
COREIA DO SUL
PROJETO: MARCO LUCCHI, ARQUITETO

Para o projeto desta loja do Caffè Pascucci, em Seul, Coreia do Sul, foi escolhida – para colocar os clientes em contato com o mundo do "café *gourmet*" – uma proposta visual com forte ênfase na comunicação gráfica e uma atmosfera jovem e requintada.

Ocupando uma área de aproximadamente 200 m², o coffee shop é composto de vários ambientes distribuídos em três andares, nos quais os consumidores podem escolher entre mesas individuais ou compartilhadas, bancos, pufes ou poltronas. Todas as peças de mobiliário que compõem os ambientes foram especialmente criadas pelo arquiteto Lucchi para as lojas da rede de Seul.

Os ambientes, todos em branco, preto e vermelho, cores da Pascucci, são informais e ganham certo refinamento com as luminárias especiais e a escultura em mosaico de espelho, criadas especialmente para o café. O teto, todo preto, esconde as tubulações aparentes, ao mesmo tempo que ressalta ainda mais o mosaico dourado das luminárias, em uma referência a Ravena, cidade italiana famosa por seus mosaicos.

As poltronas também são peças de mobiliário especialmente criadas para as cafeterias da rede.

COFFEE SHOPS *ROAST IN-HOUSE*: UMA TENDÊNCIA FORTE DENTRO DA *TERCEIRA ONDA*

Uma nova estética está tomando conta das cafeterias que seguem a tendência do *roast in--house*, e já pode ser reconhecida em cafeterias de diferentes países.

A maioria desses locais pertence a pequenos proprietários ou produtores independentes, e não às grandes redes que caracterizam a *segunda onda*. São também conhecidas como cafeterias artesanais.

Segundo Ian Dunn, arquiteto e sócio do OpenScope Studio, de São Francisco, Califórnia – em entrevista a Allison McCarthy no *site* SFGate –, as redes de cafeterias baseariam seu projeto em pontos como consistência, valor e conveniência, ao passo que os produtores independentes necessitariam de uma proposta mais particular, local e individualizada, como o produto que oferecem.

A nova tendência, como veremos nas imagens de algumas cafeterias a seguir, estaria ligada a grandes espaços, armazéns ou galpões quando possível, e a um visual tipo *loft*, ou seja, todos os espaços interligados sem divisões de paredes. É bastante comum a existência de uma ilha, uma área separada, na qual os baristas podem ser vistos enquanto trabalham não somente por quem aguarda ser servido mas também por quem está sentado saboreando um café ou uma refeição leve. A cozinha seria o único local isolado, mas na maioria dos coffee shops é separada somente por vidros, permitindo assim que o trabalho dos chefs também possa ser apreciado.

Os materiais mais comuns seriam o concreto aparente polido, utilizado em muitos pisos; madeira e metal reciclados no mobiliário, nos balcões e na estrutura; e lustres de design. Na maioria dos locais, quase sempre há uma pequena loja com o café produzido pela empresa à disposição para compra, além de novos produtos relativos à extração do café.

A exposição do torrador, razão pela qual são chamados de *roast in-house*, é um dos pontos focais de maior importância nesses projetos, e quase sempre está próxima à área destinada aos cursos e ao treinamento de baristas.

África do Sul

A África produz uma variedade enorme de grãos de café exportada para o mundo todo. No caso da África do Sul, no entanto, a maioria dos grãos produzidos no país sempre foi destinada ao consumo interno, já que a produção nacional não é suficiente e há necessidade de importação de grãos para cobrir o consumo no país. A preferência pelo café instantâneo ao filtrado foi sempre a predominância entre a população sul-africana e, como em toda África, o café seria uma bebida para saborear no inverno e somente por adultos.

A cultura de saborear um café feito a partir de grãos especiais começou há poucos anos a ser difundida em coffee shops especializados, principalmente nas lojas abertas na Cidade do Cabo, cidade que realmente adotou não somente a nova tendência *gourmet* mas também o sabor do *cappuccino* italiano. Várias lojas espalham pela cidade o conceito da *terceira onda*, entretanto esses coffee shops estão restritos às áreas nobres onde a população tem maior poder aquisitivo e são frequentadas por turistas. Para o restante da população ficaram opções como o McCafé, que serve bebidas à base de *espresso* por um valor mais acessível, ou empresas que estão levando para os subúrbios café *gourmet to go* ou *take away* na tentativa de difundir a nova tendência e estabelecer um novo costume.

Truth. Coffee
36 BUITENKANT STREET - CIDADE DO CABO, ÁFRICA DO SUL
PROJETO: HALDANE MARTIN, DESIGNER

Com um visual bastante ousado e ocupando uma área de 600 m², Truth. Coffee chama atenção de uma clientela diferenciada, que não se encontra normalmente na maioria dos coffee shops da Cidade do Cabo.

A área é subdividida em restaurante, café, bar, cozinha, escola de baristas, estocagem de grãos, *workshops*, banheiros e administração, distribuídos ao redor de um enorme torrador *vintage* ainda em funcionamento, instalado no centro do espaço.

O design inspira-se na estética de um movimento que mistura ficção científica às máquinas a vapor, conhecido por Steampunk.

Segundo o designer Haldane Martin, autor do projeto e do conceito, era necessário criar um *branding* forte, que refletisse a real identidade da empresa. "Consideramos imediatamente o Steampunk como a referência conceitual apropriada, já que os torradores e as máquinas de *espresso* possuem elementos românticos da tecnologia do 'a vapor'. A obsessão do Steampunk pelo detalhe e por uma estética sensual engloba a essência da filosofia dos produtos do Truth. Coffee – nós torramos o café de maneira apropriada."

Os materiais escolhidos, as instalações aparentes, os móveis de design especialmente elaborados e misturados com peças *vintage* autênticas criam uma atmosfera moderna, intrigante e excêntrica.

O Truth. Coffee garante que elabora e serve excelente café a partir de grãos verdes de diferentes origens, que são torrados individualmente e depois cuidadosamente combinados e misturados.

Austrália

A cultura do café, ou *coffee culture*, como já foi dito, é bastante forte em todo o continente australiano. Coffee shops para sentar e saborear um *flat white*, a bebida preferida dos australianos, podem ser encontrados em praticamente cada esquina.

Em Melbourne, por sua vez, existem vários coffee shops *roast in-house*, muitos deles premiados por seu café ou por seu design interno. A cidade fervilha com propostas diferentes e inovadoras de cafeterias *roast in-house*.

O preto, o branco e a madeira são as únicas variações de cor, que servem como pano de fundo para sofisticados arranjos florais e diferentes plantas.

Como materiais, foram utilizados inox, ferro, madeira, cerâmica, azulejos e vidro. A luz natural é abundante e ilumina o espaço por meio de aberturas no teto e dos grandes painéis de vidro laterais, o que ajuda a criar uma atmosfera bastante agradável. A iluminação utiliza peças de design interessantes e diferenciadas em diversos

Top Paddock Café
658 CHURCH STREET – RICHMOND, MELBOURNE, AUSTRÁLIA
PROJETO: SIX DEGREES ARCHITECTS E NATHAN TOLEMAN DESIGN & CONSTRUCTION

O Top Paddock Café é formado por um grande espaço aberto com diferentes ambientes, solução que facilita muito a circulação e torna mais eficiente ainda o serviço no café.

Foi especialmente projetado para agregar diversos tipos de pessoas e em diferentes modos. Em função disso, optou-se por soluções variadas, como algumas mesas menores, que podem ser utilizadas por uma ou mais pessoas; mesas grandes, para quem quer compartilhar e não ficar sozinho; bancos em diferentes balcões, ou ainda uma área externa.

pontos da cafeteria, criando assim alguns pontos de interesse do projeto. Uma luminária foi utilizada como sinalizador, marcando a área de trabalho central onde os baristas preparam as bebidas. Outras decoram paredes ou marcam uma segunda área de trabalho bem menor, um pouco menos exposta e mais aconchegante, onde podem ser saboreadas bebidas à base de café e alguns doces e lanches rápidos.

O torrador à mostra, ao fundo, procura valorizar o café servido, indicando que o que se bebe na cafeteria é especial e torrado ali mesmo. Uma grande lareira completa a atmosfera do café.

Industry Beans

3/62 ROSE STREET – FITZROY, MELBOURNE, AUSTRÁLIA
PROJETO: EQUIPE DO INDUSTRY BEANS E FIGUREGROUND ARCHITECTURE

Instalado dentro de um galpão industrial numa região de artistas, o Industry Beans tem sua fachada bastante simples, porém eficaz. Ela já revela como será o espaço interno e esconde uma área externa de mesas.

O café, com vários prêmios em Melbourne, foi aberto em 2003 e funciona como coffee shop/cafeteria, torrador, laboratório, *workshop*, além de bar e restaurante *gourmet*.

Numa área especial, os proprietários treinam os baristas dos parceiros que vendem o café produzido no local.

O peso da cor preta do balcão contrasta com a leveza dos bancos, das cadeiras e da madeira clara utilizada. Foi criada uma perspectiva bastante intrigante logo à entrada do café.

A transparência, uma das propostas de projeto, está presente na ausência de divisórias entre os ambientes. Assim, é fácil aproximar-se do torrador, ao fundo do galpão.

Sempre no comando de baristas, o Industry Beans oferece diversos tipos de café preparados por diferentes métodos.

Com seus ambientes variados, o café busca atrair um público mais amplo, e não somente *connoisseurs*, muito embora sua atmosfera "industrial" um tanto particular possa interferir como fator seletivo de público.

CAFETERIAS *ROAST IN-HOUSE* NO BRASIL

O Café Kahlúa, em Belo Horizonte, foi fundado em 1993 por Ruimar de Oliveira Junior. Após alguns anos e a compra de um torrador, a cafeteria passou a trabalhar com cafés especiais da própria empresa e preparados com grãos de oito regiões brasileiras, além de grãos provenientes da Colômbia, da Costa Rica e do Quênia. Infelizmente, a cafeteria não resistiu aos efeitos da pandemia de covid-19, tendo encerrado suas atividades após 25 anos de referência. Os cafés eram preparados e servidos por baristas. O ambiente era amplo e de atmosfera bastante atraente, com piso de concreto aparente, teto de madeira e diferentes combinações de mesas e bancos. Havia um torrador instalado dentro da própria cafeteria e uma máquina de *espresso* decorava a vitrine.

O Coffee Lab funciona em São Paulo desde 2009. É altamente especializado em torrefação, oferece cafés preparados com grãos torrados e moídos *in loco*, segundo sua própria combinação e variações de sabores.

Ali, o ato de saborear um café pode ser vivido como uma experiência sensorial, até mesmo com rituais de degustação. A atmosfera é bastante particular e diferenciada, e, como o próprio nome indica, trata-se de um laboratório de café.

O Santo Grão foi aberto, segundo o fundador Marco Kerkmeester, na "onda do café *gourmet*",

em 2003, e hoje conta com oito lojas pelo Brasil. A loja da rua Oscar Freire, em São Paulo, exibe o torrador nos fundos da cafeteria, onde se pode apreciar o trabalho dos baristas, que preparam os grãos utilizados por todas as filiais. Pé-direito alto, madeira natural nas paredes e piso frio com diferentes opções para sentar compõem o visual.

A *terceira onda* e as cafeterias com propostas diferenciadas

A disputa por consumidores na *terceira onda* dos coffee shops tem feito surgir como solução de projeto propostas bastante interessantes e criativas e que vão de parcerias entre empresas de ramos diferentes, ou utilização de locais inesperados para a abertura de cafeteria, à multifunção, ou seja, espaços utilizados para coffee shop durante o dia e por clubes ou bares à noite.

Illy Regent Street
295 REGENT STREET, LONDRES, INGLATERRA

O Illy Regent Street foi criado a partir de uma das mais interessantes parcerias internacionais ocorridas recentemente, ou seja, aquela firmada entre a Illy Caffè e a Samsung. As duas empresas resolveram participar de um projeto associando a qualidade dos cafés produzidos pela Illy e a tecnologia mundialmente conhecida

da Samsung. O objetivo seria benéfico para ambas as empresas com a melhora da experiência de saborear um café Illy e na experiência de testar ou comprar um produto Samsung.

A primeira loja da parceria foi aberta em Londres com um projeto moderno e sofisticado. A Samsung colocou à disposição *tablets* e wi-fi para uso dentro da cafeteria, além de dispositivos multimídia e criação de *apps* para a empresa. A parceria também prevê que a Illy estará presente com uma pequena cafeteria em todos os eventos e lojas da Samsung.

Nesse projeto, a decoração interna mostra fotos e pôsteres famosos, as xícaras criadas nos últimos vinte anos por artistas para a Illy, além de uma réplica em mosaico do pôster da Illy criado em 1934 pelo artista da Bauhaus, Xanti Schawinsky.

Com um pé-direito duplo e mezanino, o espaço é bastante vibrante, com um imenso lustre-escultura feito de xícaras e uma tela que projeta imagens relacionadas ao café.

Kiosk Alapozó
MÁRCIUS 15 SQUARE TER 4, BUDAPESTE, HUNGRIA

O **Kiosk Alapozó** é outra proposta de design bastante interessante. Durante o dia, funciona como café e restaurante, com uma frequência bastante diversificada, já que se localiza em uma

praça a poucos metros do rio Danúbio que é visitada por turistas e pela população local. Já à noite se transforma em bar voltado para um público jovem.

Instalado dentro de um edifício histórico, sua amplitude e o pé-direito altíssimo chamam a atenção assim que se entra no coffee shop. Sua proposta de design enfatiza o contraste, ao misturar o antigo com o novo e o clássico com o rústico.

No centro, um balcão todo revestido por garrafas vermelhas circunda a área em que os baristas preparam os cafés e compõe mais um contraste, agora de cor, já que todos os outros componentes do espaço são basicamente de cores neutras.

Caffè Pascucci Bio
VIALE VIRGILIO, 17 - RICCIONE, ITÁLIA
PROJETO: VINCENZO DE COTIIS, ARQUITETO

O Café Pascucci Bio, inaugurado em 2014 em Riccione, Itália, apresenta duas propostas diferenciadas. A primeira delas seria quanto ao conceito do design aplicado e a segunda quanto aos produtos oferecidos.

Com design de impacto, vibrante, ambientes claros, espaços amplos e em dois níveis, o coffee shop está localizado num dos edifícios mais modernos da Riviera Romagnola, o moderno Palácio de Convenções.

Bush Food Café
FREMANTLE, AUSTRÁLIA

O Bush Food Café, localizado dentro do principal mercado de Fremantle, Austrália, busca atrair turistas e frequentadores da região apreciadores de um bom café e de bebidas à base de *espresso* por meio da referência à cultura aborígine e de uma proposta visual de grande impacto.

Administrado por aborígines (habitantes originais do continente australiano), é todo decorado com cores e símbolos típicos da cultura aborígine australiana, o que funciona muito bem como atrativo em uma área bastante frequentada por turistas de todo o mundo.

O cardápio justifica a palavra *bush* no nome do café, pois serve carne de canguru, de crocodilo e de outros animais que vivem *in the bush* (no mato), onde habitavam também os aborígines.

Aborígines servem e estão presentes na cafeteria, mas, ironicamente, quem prepara o café é um italiano!

Ali também podem ser adquiridos os copos *take away*, reutilizáveis e produzidos com ecoplástico, em uma atitude ecologicamente correta e de forte tendência nos coffee shops de todo o país. Estão à venda garrafas com café preparado no coffee shop pelo método de extração lenta a frio, utilizado no preparo do *ice coffee* (café gelado).

BIKE CAFÉS

Em 2003, foi aberto em Minneapolis, Estados Unidos, o One on One Bicycle Studio, que, além de vender e consertar bicicletas, também oferecia refeições leves e café de qualidade. Esses cafés, que se espalharam pelos Estados Unidos, foram inspirados nas culturas europeias de café e de ciclismo.

A Europa já conhecia os cafés voltados para os ciclistas desde o século XIX, mas a ideia do *bike café*, ou seja, de um local que servisse café especial com serviços úteis aos ciclistas, teria sido invenção dos norte-americanos.

Pelo mundo, já são inúmeros os *bike cafés*, e a quantidade desses estabelecimentos tende a aumentar ainda mais, já que a busca por meios de locomoção mais baratos e sustentáveis vem crescendo e, consequentemente, o aumento do número de ciclistas.

Zappi's Bike Café
28-32 SAINT MICHAEL'S STREET, OXFORD, REINO UNIDO

O **Zappi's Bike Café** nasceu em 2011 da fusão da cafeteria do ex-ciclista profissional italiano Flavio Zappi com a loja Bike Zone em Oxford, Inglaterra. Frequentado em sua maioria por ciclistas, é também sede do Zappi's Cycling Club, que promove passeios e que dá ao café uma atmosfera toda especial. Os proprietários, dois jovens baristas autodidatas, criaram uma atmosfera acolhedora, com bicicletas suspensas, fotos do ex-ciclista e café *gourmet*.

No Brasil, começam a surgir cafés não somente decorados com o tema ciclismo mas também os que oferecem serviços especiais aos ciclistas. É o caso, por exemplo, do **Aro 27** em São Paulo, com café *gourmet*, oficina, estacionamento e vestiário com chuveiro para os ciclofrequentadores.

PET CAFÉS

Os *cat cafés* surgiram na Ásia, onde são bastante populares, e já podem ser encontrados na França e na Itália, entre outros países.

Em vários países asiáticos, a população encontra dificuldades para manter um animal de estimação, de modo que, desse problema, teria surgido a ideia de unir um café com os gatos. A ideia original era que a cafeteria servisse café especial enquanto proporciona a seus clientes a possibilidade de um contato maior com gatos, em uma relação, digamos, terapêutica. Os animais poderiam ser tocados, acariciados ou simplesmente observados.

Essa proposta merece atenção, dependendo do país onde será aberto o *cat café*. Povos asiáticos costumam ser mais contidos, e o povos latinos mais expansivos. E isso deve ser levado em conta ao se pensar no bem-estar dos gatos.

O Neko Cafè (Cat House) em Turim e Vicenza, na Itália, por exemplo, além dos tradicionais brinquedos colocados para os felinos em pontos estratégicos dos ambientes, distribuiu alternativas de fuga para os animais mais estressados com o movimento e o barulho dos clientes, como escadas, pontes suspensas e telhados fictícios, possibilitando assim que os gatos possam ser vistos sem que sejam tocados.

MiaGola Caffè
VIA GIOVANNI AMENDOLA 6, TURIM, ITÁLIA

O café foi inaugurado em 2014. A proposta da cafeteria, com espaço relativamente pequeno, foi muito bem implantada e, embora haja somente uma grande área, oferece diferentes ambientes com uma variedade de tipos de mesas e cadeiras, incluindo mesas para compartilhar com outros consumidores, mostrando claramente que na proposta da cafeteria foi prioritária a integração interpessoal.

Uma tela grande mostra filmes e documentários de gatos e cães. Com iluminação clara e difusa, numa das paredes há um tipo de escada, formada com gavetas, que possibilita aos gatos o acesso ao mezanino, onde podem "dar uma escapada" e descansar.

O interior do café e seus gatos podem ser vistos também das mesas na calçada e por aqueles que passam pela rua, já que sua fachada é inteiramente envidraçada.

Pet Lovers Café
SHOP 1/151 JAMES STREET, GUILFORD, AUSTRÁLIA

Uma proposta bastante diferenciada e ao mesmo tempo ousada, voltada para os cães.

Com um ambiente grande e único, o café é subdividido em duas áreas distintas: uma loja com todo tipo de artigos para cães e um coffee shop.

No balcão de vidro encontram-se petiscos doces e salgados preparados por uma empresa especializada e destinados somente aos cães.

Espresso ou bebidas à base de *espresso* preparadas com grãos especiais são as únicas opções para os donos dos cachorros. O consumo é feito somente nas mesas externas, localizadas na calçada.

Segundo os proprietários, o *puppyccino*, versão canina do *cappuccino*, é a bebida preferida dos caninos e é preparada com ingredientes especiais para o melhor amigo do homem.

Café ou loja? Loja ou café?

Às vezes, o café se confunde com a loja, e vice-versa. Nesse caso, não se sabe bem ao certo qual consumidor vem primeiro: o da loja ou o da cafeteria. A junção dessas atividades beneficia muito a empresa que a utiliza, pois reúne fortemente dois tipos de consumidor em um só local.

São vários os exemplos desse tipo de espaço, como o Café Kopenhagen no Brasil, surgido após anos de sucesso com lojas exclusivamente voltadas para a venda de chocolates. Hoje a Kopenhagen tem vários desses pontos de venda que unem as duas atividades e que podem induzir tranquilamente um consumidor de café a comprar um chocolate, e vice-versa.

Loacker Moccaria
WALTHERPLATZ 11, BOLZANO, ITÁLIA

A Loacker é uma empresa fabricante de chocolates e biscoitos fundada em Bolzano, Itália, em 1925, e conhecida em mais de 95 países. Ampliando seu ramo de atuação, criou, como ponto central do conceito das lojas classificadas como pontos de venda, a Loacker Moccaria, uma cafeteria instalada dentro de suas lojas, em que o café e as bebidas à base de *espresso* são preparados com grãos *gourmet* ou especiais por baristas treinados.

O projeto conceitual das novas cafeterias inclui, como no caso deste café, a utilização de um enorme painel fotográfico instalado atrás do balcão de atendimento para ampliar o ambiente e criar profundidade visual, ao mesmo tempo que estimula o consumo. A fotografia utilizada refere-se sempre às montanhas da região de Bolzano onde está a sede da empresa.

Os lustres, destaque do projeto, foram especialmente criados para as cafeterias da Loacker e utilizam embalagens de chocolates que fazem menção, segundo a empresa, à leveza dos

produtos e dos ingredientes, e à quantidade de açúcar utilizada.

O ponto de venda está localizado ao fundo da cafeteria e atrai a atenção pela cor vermelha, em contraste com a neutralidade do espaço do café.

The Coffee Box
VIALE CECCARINI, 186/188, RICCIONE, ITÁLIA
PROJETO: MARCO LUCCHI

Esse coffee shop está situado em uma das mais famosas ruas da Riviera Romagnola italiana e atrai pela atmosfera jovem de seu interior. O espaço teria sido idealizado segundo ideia dos próprios baristas da empresa Pascucci, que, tatuados e com visual bastante "estiloso", operam as máquinas de café.

Logo ao entrar, vê-se o cardápio na parede preta oferecendo uma enorme variedade de bebidas à base de café *espresso* ou de cafés extraídos por diferentes processos. Todas as opções são mostradas em foto para que o consumidor saiba exatamente como será a bebida que está pedindo.

As demais paredes também são pretas, a fim de neutralizar o fundo da composição e destacar as obras de arte e as exposições temporárias que acontecem pela cafeteria. Os produtos da linha Pascucci estão todos expostos e à venda, já que o espaço também funciona como loja da empresa Pascucci Caffè.

Cadeiras coloridas dão um toque mais alegre e acrescentam um pouco de movimento ao ambiente.

Um grande painel de vidro expõe o interior da cafeteria, mostrando o trabalho dos baristas e permitindo que, de dentro, se aprecie o mundo lá fora. Outra grande vitrine anuncia o design interno, exibindo uma motocicleta que completa a atmosfera escolhida.

O *workshop* para os cursos de barista está localizado ao fundo da cafeteria.

Ambientação nos coffee shops

A cultura de saborear café, espalhada por todos os continentes, faz com que diferentes públicos busquem diferentes espaços por diferentes razões. Assim sendo, projetar uma cafeteria ou um coffee shop passou a ser uma tarefa mais complexa do que simplesmente servir um bom café e distribuir pelos ambientes um balcão, umas cadeiras e uns bancos.

Os consumidores, cada vez mais exigentes, procuram ambientes com um "algo a mais", onde exista uma certa conexão, onde possam engajar-se, ou seja, sentir imediatamente que pertencem àquele espaço e ao grupo que o frequenta.

Para os *connoisseurs*, a certeza de um bom café, com grãos de excelente qualidade, e uma experiência sensorial podem ser os fatores suficientes para a escolha de determinado local como favorito. Nesse caso, a solução de design e do visual não seria tão relevante, pois o que buscam é o café propriamente dito. Mesmo assim, a possível abertura de um novo espaço com café tão bom como o anterior, mas que tenha um apelo visual mais interessante, pode significar uma mudança de hábito e a troca do espaço eleito como *terceiro lugar* pelo novo espaço.

Já um público mais amplo, que busca um bom café aliado a conforto, socialização, internet gratuita, música ambiente, TV por assinatura, entre tantas outras variantes, tenderá a escolher uma cafeteria para frequentar, sobretudo pelo aspecto visual e de design do que propriamente pelas qualidades da bebida. Nesse caso, o inverso poderá ocorrer também. Se a qualidade do produto não corresponder às características estéticas, o público poderá buscar outro estabelecimento para frequentar.

A variedade de atmosferas e soluções de design que encontramos hoje em dia é enorme. Cada cafeteria busca um estilo seu, particular. Os projetos tendem a ficar cada vez mais detalhistas, cada vez mais acurados, para poder criar diferenciais e, consequentemente, fazer com que determinada cafeteria ocupe uma posição no mercado consumidor.

As opções de ambientação são inúmeras, mas o importante é que ela seja adequada ao perfil da clientela que se deseja atingir pelo design escolhido para o coffee shop.
Os principais elementos que ajudam a criar uma determinada atmosfera são a iluminação, as cores, os materiais e o tipo de mobiliário e detalhes decorativos.

Um exemplo bastante evidente da força que o visual exerce nos consumidores é o fato de que "uma solução serve para todos" deixou de ser a premissa das grandes redes de coffee shops/cafeterias/coffee houses, que por muitos anos adotaram somente um padrão.

A **Starbucks**, a maior rede da *segunda onda* das cafeterias, trabalha, por exemplo, com quatro ambientações-padrão que são escolhidas segundo o país, a localização e o público que ali vive. São elas: Heritage (herança), Artisan (artesã), Regional Modern (moderno regional) e Concept (conceitual).

A primeira loja "conceitual" europeia da rede foi a de Amsterdã, aberta em 2012. Instalada em uma área de 430 m², o coffee shop conta com ambientes em diferentes níveis e palco para poetas, bandas e artistas locais, enfatizando, assim, a ligação da empresa com a comunidade local. Seu projeto com visual totalmente inovador utilizou o prédio onde foi instalado com absoluto respeito à arquitetura original, mantendo não somente características de partes da edificação mas também o piso de mármore dos anos 1920. Os materiais utilizados são reciclados ou locais e a mão de obra de 35 artesãos foi empregada para dar ao projeto a atmosfera final diferenciada e representativa da cultura holandesa, sendo a primeira unidade a servir de laboratório para analisar tendências e diferentes modos de extração de café.

Spill the Beans Café
91 ESPLANADE, ROCKINGHAM, AUSTRÁLIA

Spill the Beans Café utilizou em seu projeto o recurso dos tons neutros, uma variedade de texturas e de materiais que refletem a luz. Esta é a combinação de elementos que pode trazer como resultado um ambiente luminoso, brilhante e dinâmico.

Nesse café, as linhas retas prevalecem. Materiais como o aço inox do balcão e das luminárias e o concreto do piso, aliados à cor cinza dos detalhes, são uma clara referência à tecnologia, às máquinas, que remetem, por sua vez, à ideia de eficiência e rapidez no preparo dos cafés.

Para a área de consumo, diferentemente da atmosfera tecnológica e mais fria do brilho do inox dos balcões e das luminárias, o coffee shop optou por oferecer um ambiente mais aconchegante, em que foram utilizados alguns tons de cores quentes para romper um pouco com a impessoalidade e a rigidez do cinza. As linhas curvas, a madeira e uma parede toda decorada, para personalizar ainda mais o ambiente, complementam o visual interno.

Filodrammatica Bookshop Café
KORSO 28 RIJEKA – CROÁCIA

É um exemplo bastante forte de uma atmosfera sofisticada, requintada e muito charmosa. Os materiais utilizados para alcançar esse resultado devem ser nobres, como veludo, cristal, espelhos, etc., com as texturas das superfícies preferencialmente brilhantes e com detalhes decorativos que podem ser modernos ou clássicos.

Esse coffee shop é bem versátil, pois funciona também como bar e possui uma livraria instalada num ambiente coligado ao café.

As mesas na calçada oferecem a seus frequentadores um ambiente mais informal e relaxante.

Internamente, porém, o requinte e a sofisticação tomam conta da atmosfera desse café.

Sua proposta visual não esquece, em nenhum momento, de fazer referência aos cafés especiais oferecidos pela casa. A começar pelo cardápio bastante variado, quer nos tipos de grãos, quer nos tipos de bebidas à base de *espresso*, passando pelos moedores expostos até a menção aos grãos especiais em painéis nas paredes.

Elementos e materiais, como lustres de cristal, molduras douradas em espelhos de diferentes tamanhos, veludo, laca e papel de parede, estão presentes nos ambientes do coffee shop. Soma-se a isso uma iluminação cuidadosamente projetada para criar uma atmosfera interessante e intimista.

Abbey Road Café
131 ACLAND ST SAINT KILDA, VIC3182 – AUSTRÁLIA

Já o **Abbey Road Café**, que funciona como café e bar, utilizou uma ambientação mais dinâmica e jovem, com cores vibrantes e estímulos visuais fortes que dão movimento à composição. Complementando a caracterização dos ambientes, teve as paredes decoradas com objetos que fazem referência ao mundo da música, utilizando pôsteres e instrumentos musicais.

O forte do projeto, entretanto, é a iluminação com lâmpadas coloridas e algumas luminárias pendentes. Tons de azul estão espalhados por todo o coffee shop, criando uma atmosfera bastante particular. Luminárias pendentes vermelhas estão dispostas ao longo do balcão onde são preparados os cafés, e outras luminárias mais modernas se espalham pelos ambientes.

As linhas do teto são em ângulo, criando um movimento diferente. Nas vigas longitudinais do teto, objetos pendurados junto às lâmpadas são utilizados como pontos focais do projeto.

As mesas, as poltronas e os sofás são de todos os tipos e tamanhos, possibilitando uma diversificação bastante grande de agrupamentos.

O design mais de perto: o Metropolis Old City Café

Muitas vezes, entramos em um local, e simplesmente gostamos ou não do design interno. Gostar é um conceito muito relativo, pois está associado a componentes pessoais e, na maioria dos casos, nada científicos.

A maioria de nós reage por comparação imediata com o que conhecemos, conforme a moda ou até mesmo segundo o nosso próprio gosto.

Um projeto de design interno procura criar ambientes que cumpram uma determinada função de modo agradável e completo. Portanto, para chegarmos realmente a uma conclusão sobre o resultado alcançado pelo designer, devemos tentar evitar a palavra "gosto" e procurar entender o porquê de o projeto ser como é e, consequentemente, o que ele provoca em nós.

Caso nos sintamos coagidos, deprimidos ou com vontade de sair do local, é interessante procurar saber o que foi projetado, colocado no espaço, que nos fez sentir assim. Quando chegamos a uma conclusão do porquê da sensação desagradável causada em nós, aí, sim, podemos dizer que o ambiente não nos agradou por essa razão.

A seguir, procuramos analisar um projeto de design de interiores aplicado a um espaço com determinadas características físicas (pilares e vigas aparentes) que, com certeza, dificultaram o processo de alcançar uma atmosfera que fosse ligada ao café, sendo, ao mesmo tempo, sofisticada, informal e, de certo modo, flexível.

Metropolis Old City Café
MALI CURCILUK 10, SARAJEVO – BÓSNIA HERZEGOVINA

Esse coffee shop, situado no centro de Sarajevo, tem uma área ampla em forma de "L", com pé-direito alto e boa iluminação natural.

Excluindo a área de preparo, não existe divisão fixa entre os ambientes. Duas vigas estruturais criam, visualmente, uma separação entre duas áreas para sentar: uma com televisores e outra na frente do balcão. Essa solução, sem divisões fixas, permite total flexibilidade na hora de combinar mesas para acomodar diferentes números de pessoas.

As linhas que prevalecem no design são as retas, mas a escolha de poltronas e cadeiras ligeiramente arredondadas acrescenta um pouco de suavidade à composição, diminuindo assim a rigidez, que, do contrário, poderia marcar o ambiente.

O piso de granito foi mantido uniforme, garantindo assim uma solução visual que favorece a amplitude do espaço, além de estar valorizado na composição graças à neutralidade do

mobiliário disposto sobre ele. As poltronas, os bancos e os pufes não interferem na composição, pois foram revestidos por materiais sem padronagem ou texturas de impacto visual, sendo notados somente ao olharmos bem ou ao tocarmos esses objetos.

Os pilares que não puderam ser removidos foram integrados ao projeto. Revestidos com uma interessante padronagem de jornais, passaram a ser pontos focais, e não simplesmente pilares.

Janelas grandes permitem ver o que acontece lá fora, elemento importante nesse tipo de *terceiro lugar*, já que as mesas próximas às janelas acabam sendo sempre as mais cobiçadas.

A iluminação geral foi escondida, camuflada no forro de gesso, que serve também como difusor de luz.

A cor intensa de algumas paredes aconchega. O roxo e seus tons têm força mística e influem na temperatura visual. O roxo vai gradualmente se tornando marrom, marcando assim uma atmosfera voltada para o café, completada com estampas enfatizando o tema e que foram aplicadas nas paredes.

O futuro dos coffee shops

O mundo passou por uma pandemia que parece não querer mais desaparecer de nossas vidas, e que alterou nosso modo de viver, trabalhar e gerenciar empresas.

A diminuição das horas trabalhadas *in loco* em escritórios acabou causando o fechamento de vários cafés espalhados pelas áreas centrais de diversas cidades mundo afora. A falta de pessoas para trabalhar, o fechamento obrigatório do comércio e dos escritórios e a necessidade de ficar em casa contribuíram ainda mais para abalar as estruturas de cafés e coffee shops que contavam com consumidores frequentes.

Muitos estabelecimentos reinventaram sua dinâmica de serviço, aumentando a entrega de cafés e sanduíches em domicílio, criando novos cardápios, substituindo xícaras e pratos por descartáveis mais seguros do ponto de vista sanitário, entre muitas outras alternativas.

Os cafés dentro dos espaços de coworking foram uma solução imediata ao elevado custo financeiro de se montar e de manter um escritório para ser utilizado muito pouco. Um bom exemplo é o Workshop Cafe, em São Francisco (EUA).

O universo das cafeterias vinha crescendo muito, ao ponto de quase saturar a demanda das cidades. Agora, deve recomeçar a criar novas raízes, adaptando-se à nova realidade.

Conforme apontado no livro *Vivendo os espaços*, as pessoas se tornaram mais inseguras após a pandemia de covid-19, passaram a considerar mais as pequenas coisas, parecem estar mais tristes, muitas até deprimidas, em busca de aconchego e bem-estar.

O design do espaço deve ser único, personalizado e particular, explorando-se, principalmente, o design multissensorial, a fim de criar soluções que ofereçam bem-estar físico e mental aos clientes.

Pessoas de diferentes setores do mundo do café vêm discutindo o futuro das cafeterias. A maioria afirma que o setor vai continuar a crescer, mas alguns cuidados devem ser tomados, como:

- Manter-se informado sobre o que está acontecendo no mundo para não ser pego de surpresa novamente.
- Estudar casos de cafés que existem há muito tempo e de estabelecimentos que não resistiram à pandemia, pois aprendemos com o sucesso e com o fracasso.
- Pesquisar o que está sendo feito no ramo dos coffee shops em outros países.
- Saber exatamente qual é o público-alvo da sua cafeteria.
- Compreender o entorno da cafeteria: o público que passa em frente, as pessoas que trabalham por perto, o comércio local, se há concentradores de público na vizinhança (como pré-escolas, igrejas, clubes), conhecer os possíveis concorrentes na área, etc.

A respeito desse último tópico, um bom exemplo é o café australiano Bean at the Beach inaugurado depois da pandemia de covid-19. O estabelecimento ficou no lugar de outro café, cujo público-alvo eram pessoas que praticavam exercício físico com regularidade e gostavam de café e opções de comida mais saudáveis, ou seja, um público não muito amplo. Após analisar a localização e a concorrência mais próxima, o proprietário brasileiro resolveu abrir uma cafeteria com foco no café servido, e não simplesmente no café barista mais comercial explorado pela maioria dos lugares. Com a nova proposta, o Bean at the Beach passou a ser o único local realmente especializado no café que serve.

Em um espaço reduzido, pequenas sacas de diferentes cafés mostram as opções de grãos que podem ser escolhidos para serem moídos e consumidos na hora ou adquiridos (em grãos ou moídos) para serem preparados em casa. Diferentes tipos de cafeteiras podem ser adquiridas, além de uma seleção de sanduíches *take away* (para levar).

Ao mudar o público-alvo e criar um espaço mais aconchegante e acolhedor, o novo ponto de encontro cresceu a olhos vistos, e chega a ter fila

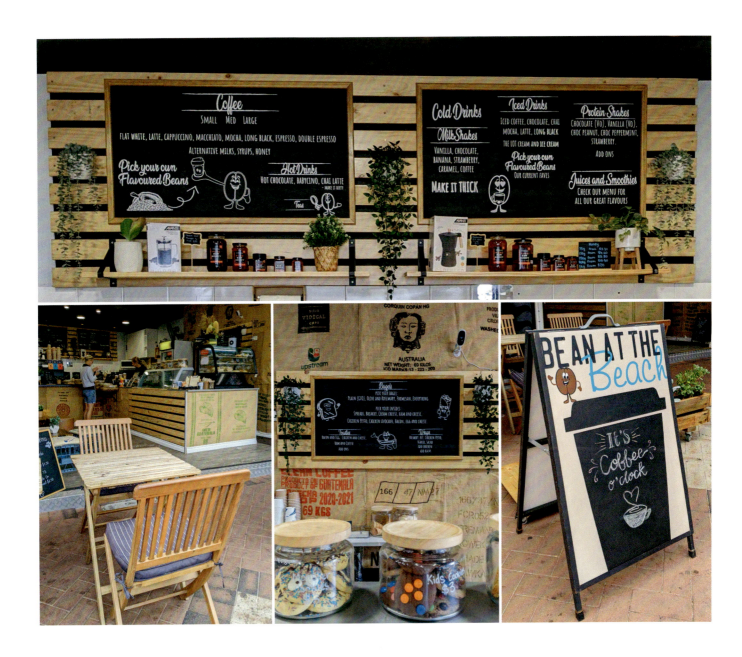

nos fins de semana. A atenção também está nos funcionários jovens, que trabalham satisfeitos sem causar problemas com os clientes. Quanto ao espaço, ele não pode estagnar.

- Escolha um design que se conecte com o público-alvo.
- Aposte em soluções diferenciadas, novas e interessantes.
- Escolha cores e crie uma marca a fim de estabelecer uma linguagem visual coerente.
- Garanta a movimentação adequada dos funcionários com um espaço ergonomicamente correto.
- Pense em flexibilidade na distribuição interna (por exemplo, caso uma nova pandemia aconteça e o número de pessoas dentro dos estabelecimentos tenha que diminuir).
- Contrate funcionários eficientes e positivos. Uma forma errada de atender o cliente pode prejudicar e muito um estabelecimento comercial.
- Mantenha boa apresentação do local e certifique-se da sua manutenção.

A Texas Coffee School, nos Estados Unidos, aposta em cafeterias híbridas, ou seja, cafeterias associadas a outra atividade comercial para impulsionar o crescimento de ambos os estabelecimentos, e assim terem mais força para enfrentar uma saturação do mercado e eventuais crises econômicas. Esse tipo de proposta foi bastante explorada há alguns anos quando, por exemplo, foram abertos cafés dentro de livrarias (em São Paulo, foi o caso da Livraria Cultura e da Livraria da Vila, entre outras) e supermercados (como o Pão de Açúcar).

Nesse tipo de proposta, as cafeterias podem se associar a prestadores de serviço (por exemplo, barbeiro, cabeleireiro, mecânico, florista, costureira, etc.), comércio em geral (por exemplo, lava a jato, loja de roupas, de materiais de construção, de automóveis, de tecidos, etc.), entre outros. Para Peter Giuliano, diretor de pesquisa da Specialty Coffee Association, o futuro das cafeterias está na representação de uma comunidade, ou seja, dos valores, desejos e necessidades de uma determinada vizinhança. Assim, os coffee shops que representam um determinado grupo da população, como um *hub*, um eixo central, poderiam sobreviver às crises. Ainda segundo Giuliano, como a pandemia de covid-19 impulsionou a venda de máquinas de café *espresso* domésticas, as cafeterias deveriam conectar-se com seu público por meio da oferta de grãos, cafeteiras e outros utensílios relacionados, além de auxiliar o consumidor no aperfeiçoamento da técnica do café em casa com workshops, oficinas e cursos rápidos.

Nesse novo contexto começam a surgir outras tendências, como as cafeterias móveis, que levam o café *gourmet* aonde o público está. Estacionando dentro de ambientes, utilizando tendas ou simplesmente cadeiras, esses cafés ambulantes criam uma cafeteria a céu aberto.

O Combi Coffee foi criado por Freddy Reidy em abril de 2014 e serve café aos surfistas em uma praia de Margaret River, Austrália, e já está indo para uma segunda Kombi, que deverá estacionar em um parque para esqueitistas.

Nessa categoria, podem ser vistas também bicicletas e lambretas adaptadas (acima), além de muitas outras soluções criativas.

Acreditamos, enfim, que a cultura do café, ou seja, de tomar e saborear um café, não desaparecerá no futuro, pois é forte e muito antiga. O que ocorrerá, com certeza, será a necessidade de constante avaliação das mudanças sociais e econômicas que acontecem de forma diferenciada em cada país com a revisão do conceito do que representam as cafeterias, de como devem ser projetadas para se adaptarem totalmente à nova realidade e, consequentemente, buscar um design que reflita esse novo *terceiro lugar*.

ANEXO 1

Cafeterias e coffee houses

Abbey Road Café • 131 ACLAND ST SAINT KILDA, VIC3182, AUSTRÁLIA

Aida Café • TRG BANA JOSIPA JELAČIĆA 7, ZAGREB, CROÁCIA

Antico Caffè Torinese • CORSO ITALIA 2, TRIESTE, ITÁLIA

Armazém do Café • RIO DE JANEIRO • HTTP://WWW.ARMAZEMDOCAFE.COM.BR/

Brûlerie St-Denis • 3967 RUE ST-DENIS, MONTREAL, QUEBEC, CANADÁ

Brunswick Food Store • 267 BRUNSWICK STREET, BRUNSWICK, AUSTRÁLIA

Bush Food Café • MERCADO DE FREMANTLE, ESTANDE Y124, FREMANTLE, AUSTRÁLIA

Café Carioca • PRAÇA VISCONDE DE MAUÁ, 1, SANTOS, SÃO PAULO, BRASIL

Café Container • RUA ANTONIO LAPA, 1080, CAMPINAS, SÃO PAULO, BRASIL

Café Imperial • NA PORICI 15, PRAGA, REPÚBLICA TCHECA

Café Le Procope • 13 RUE DE L´ANCIENNE COMÉDIE, PARIS, FRANÇA

Café Louvre • NÁRODNÍ, 22, PRAGA, REPÚBLICA TCHECA

Café Paulista • PRAÇA RUI BRABOSA, 8, SANTOS, SÃO PAULO, BRASIL

Café Santo Grão • RUA OSCAR FREIRE, 413, JARDINS, SÃO PAULO, BRASIL

Café Tomaselli • ALTER MARKT, 9, SALZBURGO, ÁUSTRIA

Caffè Al Bicerin • PIAZZA DELLA CONSOLATA, 5, TURIM, ITÁLIA

Caffè Meletti • PIAZZA DEL POPOLO, 2, ASCOLI PICENO, ITÁLIA

Caffè Pascucci • 2 HAENGAM-DONG, NAM-GU, KWANGJU, COREIA DO SUL

Caffè Pascucci Bio • VIALE VIRGILIO, 17, RICCIONE, ITÁLIA

Caffè Reggio • 119 MACDOUGAL STREET, NOVA YORK, ESTADOS UNIDOS

Caffè Torino • PIAZZA SAN CARLO, 204, TURIM, ITÁLIA

Coffee Lab • RUA FRADIQUE COUTINHO, 1340, PINHEIROS, SÃO PAULO, BRASIL

Combi Coffee • RIVERMOUTH CARPARK, MARGARET RIVER, AUSTRÁLIA

Confeitaria Colombo • RUA GONÇALVES DIAS, 32, RIO DE JANEIRO, BRASIL

Confetteria Baratti & Milano • PIAZZA CASTELLO, 29, TURIM, ITÁLIA

Costa Coffee • GROUND FLOOR, ROOSEVELT 7/8 CENTER, SZÉCHENYI ISTVÁN TÉR 7-8, BUDAPESTE, HUNGRIA

Dôme Coffees • HTTP://WWW.DOMECOFFEES.COM/

Empório Fasano • RUA BELA CINTRA, 2245, JARDINS, SÃO PAULO, BRASIL

Filodrammatica Bookshop Café • KORZO, 28, RIJEKA, CROÁCIA

Greentree Caffè • VENTURSKA, 20, BRATISLAVA, ESLOVÁQUIA

Illy Regent Street • 295 REGENT STREET, LONDRES, INGLATERRA

Industry Beans • 3/62 ROSE STREET, FITZROY, MELBOURNE, AUSTRÁLIA

Kavárna Slavia ou Café Slavia • SMETANOVO NÁBŘEŽÍ, 2, PRAGA, REPÚBLICA TCHECA

Kiosk Alapozó • MÁRCIUS 15 SQUARE TER 4, BUDAPESTE, HUNGRIA

Loacker Moccaria • WALTHERPLATZ, 11, BOLZANO, ITÁLIA

McCafé Faenza • MAIOLICA SHOPPING CENTRE, FAENZA, ITÁLIA

Metropolis Old City Café • MALI CURCILUK, 10, SARAJEVO, BÓSNIA HERZEGOVINA

MiaGola Caffè • VIA GIOVANNI AMENDOLA, 6, TURIM, ITÁLIA

Neko Cat Cafè • VIA GIOVANNI FRANCESCO NAPIONE, 33, TURIM, ITÁLIA

New York Café • ERZSÉBET KÖRÚT 9-11, BUDAPESTE, HUNGRIA

Palainovka Café • ILIRSKI TRG 1, ZAGREB, CROÁCIA

Patricia Coffee Brewers • 493-495 LITTLE BOURKE STREET, MELBOURNE, AUSTRÁLIA

Pet Lovers Café • SHOP 1/151 JAMES STREET, GUILFORD, AUSTRÁLIA

Spill the Beans Café • 91 ESPLANADE, ROCKINGHAM, AUSTRÁLIA

Starbucks Coffee New Orleans • 7700 MAPLE STREET, NEW ORLEANS, ESTADOS UNIDOS

The Barn Roastery • SCHÖNHAUSER ALLEE 8, BERLIM, ALEMANHA

The Coffee Box • VIALE CECCARINI, 186/188, RICCIONE, ITÁLIA

Top Paddock Café • 658 CHURCH STREET, RICHMOND, MELBOURNE, AUSTRÁLIA

Truth. Coffee • 36 BUITENKANT STREET, CIDADE DO CABO, ÁFRICA DO SUL

Zappi's Bike Café • 28-32 SAINT MICHAEL'S STREET, OXFORD, REINO UNIDO

[216

ANEXO 2

La terza ondata del caffè e dei luoghi di consumo

SIGNORE MARIO PASCUCCI – CEO CAFFÈ PASCUCCI TORREFAZIONE SPA

Il caffè, inteso come prodotto servito in tazza e consumato in un ambiente dedicato, è in continua evoluzione, il caffè sta vivendo oggi un ulteriore e grandioso cambiamento.

Nel mondo anglosassone e statunitense, nel dopoguerra, i caffè erano prevalentemente consumati come bevanda in tazza grande "filtrato", in luoghi di consumo nati soprattutto per la ristorazione. Questi ambienti e questo modello di servizio si identificano nel mondo del caffè come la "prima ondata americana".

Parliamo di grandi consumi, di litri di caffè leggero bevuti quotidianamente in tazze mug, allungato spesso con latte o crema di latte più o meno densa.

Differentemente a quanto avviene in quei luoghi, in Italia e nei paesi latini, dove la macchina espresso si è diffusa immediatamente sostituendo tutti gli altri sistemi di estrazione, si sta già vivendo la "seconda ondata del caffè".

Contemporaneamente a quanto avviene nel nord del mondo, nell'Europa del sud vengono installate decine di migliaia di macchine per caffè espresso, nascono le pasticcerie con espresso, le caffetterie, i bar, i circoli e gli stessi ristoranti si dotano di questo strumento così rapido per fare un caffè.

Nell'Europa del sud la prima ondata si è già conclusa con i caffè storici ed esclusivi e la seconda ondata ci accompagna dal dopoguerra fino ad oggi.

A caratterizzare questa seconda ondata ondata prevalentemente sud Europea, sono le macchine espresso, con le quali, si offrono al pubblico caffè e cappuccini trasformati in modo più o meno rapido, più o meno capace ad un prezzo accessibile a tutti.

Dagli anni ottanta, sempre negli USA e nel nord Europa, si diffondono le grandi catene di coffee shop. Starbucks, Costa, Caffè Nero, Gloria

Jeans e tanti altri grandi gruppi si propagano in modo rapidissimo e impattante, andando a coprire quel vuoto di mercato che nel sud è stato già occupato dai piccoli gestori locali e dalla ristorazione organizzata.

Le catene di coffee shop e le ricette di caffè con il latte montato a vapore che si possono consumare all'interno di questi esercizi, costruiscono questo rapido cambiamento, le catene, con Starbucks al comando, rappresentano la "seconda ondata del caffè americana".

La terza ondata del caffè la stiamo vivendo contemporaneamente in buona parte del mondo connesso e sviluppato. I luoghi del caffè diventano aree creative, caratterizzate da arredi eseguiti con un gusto giovane e informale, aree che possono contenere contaminazioni d'ogni tipo, dall'officina di biciclette all'esposizione artistica, dalle motociclette "cafè racer" alla libreria o copisteria.

Qualsiasi sia la contaminazione di questi luoghi, la centralità progettuale è sempre pensata per i baristi.

Questi locali sono progettati per uomini e donne che svolgono questo lavoro, quello del barista, con enorme passione. Una passione che sfocia addirittura in una bellissima e maniacale volontà di educazione del consumatore.

I baristi tradizionali si evolvono in persone eccezionalmente preparate, persone che si nutrono d'ogni lettura sul caffè e del prodotto che offrono all'interno del locale.

Per merito dell'alta attenzione alla qualità e alla trasformazione di ricette di caffetteria eseguite in modo estremamente attento, spesso con decori artistici fatti con il latte (latte art), unita al merito dello studio approfondito a cui si sono dedicati per tanto tempo, i baristi divengono veri e propri educatori ad un consumo consapevole.

Come dei tatuatori e spesso con lo stesso stile e look dedicano una enorme attenzione al decoro del cappuccino. La latte art si propaga divenendo un plus di presentazione, un segno distintivo delle capacità dell'operatore.

I baristi della terza ondata diffondono la cultura del caffè di qualità e sono a conoscenza di tutti i sistemi di estrazione, non sono limitati ad estrarre un espresso o un cappuccino, ma sono in grado di far consumare un cold brew (caffè estratto a freddo), un caffè turco o un caffè percolato a mano. I baristi della terza ondata non disdegnano promuovere l'integrità originale del prodotto offerto (singole origini con una storia da raccontare) e del biologico, come non disdegnano parlare e diffondere la cultura dell'equo solidale e della linea diretta d'acquisto con gli agricoltori. Come dei sommelier questi baristi sono in grado di descrivere cosa il cliente andrà a consumare.

Le persone che frequentano questi luoghi sono prevalentemente colti, viaggiatori cosmopoliti che apprezzano l'oggetto d'arredo nuovo e più moderno unito sapientemente a quello usato dallo stile vintage, selezionato con una ricerca attenta e tendente al naturale.

Questi Baristi, operanti in luoghi totalmente artigianali o ambienti creati da catene di coffee shop innovative che promuovono questa filosofia, diventano veri e propri promotori della qualità, della conoscenza e del miglioramento del mondo in cui viviamo.

Questi baristi sono il cuore della terza ondata del caffè mondiale.

Bibliografia

ANDREOTTI, Carlos A. (org.). *Chef's café*. São Paulo: Melhoramentos, 2012.

ARAÚJO, Wilma M. C.; MONTEBELLO, Nancy di Pilla; BOTELHO, Raquel B. A. & BORGO, Luiz Antonio (orgs.). *Alquimia dos alimentos*. 2ª ed. Brasília: Editora Senac Distrito Federal, 2011.

BANKS, Mary; MCFADDEN, Christine & ATKINSON, Catherine. *Manual enciclopédico do café*. Trad. Dolores Ferreira. Lisboa: Estampa, 2000. [Ed. original: *The World Encyclopaedia of Coffee*. Londres: Anness, 1999.]

BASKERVILLE, Peter. "How Do You Compete with Starbucks in the Coffee Industry?", 3-4-2013. Disponível em: http://www.slate.com/blogs/quora/2013/04/03/how_do_you_compete_with_starbucks_in_the_coffee_industry.html.

BAZZARA, Franco & BAZZARA, Mauro. *Cappuccino italiano Latte art*. Trieste: Planet Coffee Srl, 2012.

BOLETIM Setorial do Agronegócio – Café, Recife, Sebrae, agosto de 2011. Disponível em: http://www.sebrae.com.br/Sebrae/Portal%20Sebrae/Anexos/boletim-cafe.pdf.

CLARK, Taylor. *A febre Starbucks: uma dose dupla de cafeína, comércio e cultura*. Trad. Daniela P. B. Dias. São Paulo: Matrix, 2008.

COFFEEKIND. "COFFEE History Timeline", 15-11-2008. Disponível em: http://coffeekind.com/reading-room/article/coffee-history-timeline.

DEJESUS, Erin. "Vermont Coffee Shop Bans All Laptops and Tablets", 10-4-2014. Disponível em: http://www.eater.com/2014/4/10/6243349/vermont-coffee-shop-bans-all-laptops-and-tablets.

"DOSSIÊ edulcorantes". Em *Food Ingredients Brasil*, nº 24, 2013. Disponível em: http://www.revista-fi.com/materias/302.pdf.

"EL TIGRE! Raul Rodas Wins 2012 World Barista Championship". Em *Sprudge – Coffee News & Culture*, 15-6-2012. Disponível em: http://sprudge.com/el-tigre-raul-rodas-wins-2012-world-barista-championship.html.

"ESSENCE of a Value". Disponível em: http://www.victoriaarduino.com/it/tradizione-victoria-arduino/history/7-tradizione/essence-of-a-value.

FERRÉ, Felipe. *La aventura del café*. Bogotá: Altamir, 1991.

FITCH, Noël Riley. *The Grand Literary Cafés of Europe*. Londres: New Holland, 2006.

FREEDMAN, Paul (org.). *A história do sabor*. Trad. Anthony Sean Cleaver & Julie Malzoni. São Paulo: Editora Senac São Paulo, 2009.

FUNDACIÓN ALICIA & EL BULLI TALLER. *Léxico científico-gastronômico: as chaves para entender a cozinha de hoje*. Trad. Sandra Trabucco Valenzuela. São Paulo: Editora Senac São Paulo, 2008.

GIRAUD, Laire. "Café Paulista, um cantinho do passado". Em *Revista Cafeicultura* [on-line], 6-9-2007. Disponível em: http://revistacafeicultura.com.br/index.php?tipo=ler&mat=12451.

_____. "Cafezinho, uma tradição confirmada", 15-6-2009. Disponível em: https://portogente.com.br/colunistas/laire-giraud/cafezinho-uma-tradicao-confirmada-24063.

GOGOI, Palavi. "Mickey D's McMakeover". Em *Bloomberg Businessweek Magazine*, 14-5-2006. Disponível em: http://www.businessweek.com/stories/2006-05-14/mickey-ds-mcmakeover.

GOLLOM, Mark. "Tim Hortons: Why the Coffee Giant is Genuinely Beloved by Canadians?" Em *CBCNEWS – Business*, 28-8-2014. Disponível em: http://www.cbc.ca/news/business/tim-hortons-why-the-coffee-giant-is-genuinely-beloved-by-canadians-1.2748530.

GURGEL, Miriam. *Vivendo os espaços*: design de interiores e suas novas abordagens. São Paulo: Editora Senac São Paulo, 2022.

HARRIS, Melissa. "The Man Behind McDonald's New Look". Em *Chicago Tribune* [on-line], 16-5-2010. Disponível em: http://articles.chicagotribune.com/2010-05-16/business/ct-biz-0516-confidential-mcdonalds--20100516_1_restaurant-design-reimaging-mcdonald.

HOULDER, Vanessa. "British Coffee Chain Market Heats Up". Em *FT.com – Business*, 16-4-2014. Disponível em: http://www.ft.com/intl/cms/s/0/1fff670c-c572-11e3-89a9-00144feabdc0.html#axzz3NhYxRmlr.

HYBRID Coffee Shop Models: The Future of Coffee Shops". Disponível em: https://texascoffeeschool.com/hybrid-coffee-shop-models/.

IBISWORLD. *Cafes and Coffee Shops in Australia: Market Research Report*, novembro de 2014. Disponível em: http://www.ibisworld.com.au/industry/default.aspx?indid=2015.

INSTITUTO Nacional de Metrologia, Qualidade e Tecnologia – Inmetro. "Tabela 8. Edulcorantes e suas características". Disponível em: http://www.inmetro.gov.br/consumidor/produtos/adocantes.pdf.

JOAQUIM, Bárbara Kelly. "Da Europa para o Brasil, a tradição de beber um bom café". Em Revista Cafeicultura [on-line], 12-12-2005. Disponível em: http://www.revistacafeicultura.com.br/index.php?tipo=ler&mat=3357.

KVETKO, Edward C. & CONGDON-MARTIN, Douglas. *Coffee antiques*. Atglen: Schiffer, 2000.

"LAVAZZA Training Center". Disponível em: http://www.sovrana.com/tchome.htm.

LILLIE, Barry. "Italian Coffee Culture". Em *Italy Magazine* [on-line], 4-11-2013. Disponível em: http://www.italymagazine.com/featured-story/italian-coffee-culture.

MACAULAY, Thomas Babington. "The Coffee Houses of London". Excerto de *The History of England from the Accession of James the Second* [1848]. Disponível em: http://grammar.about.com/od/classicessays/a/coffeehousesessay.htm.

MALTONI, Enrico & FRABRIS, Giuseppe (orgs.). *Espresso Made in Italy 1901-1962*. 3ª ed. Forlimpopoli: Collezione Enrico Maltoni, 2008.

MARTIN, Haldane. "Truth Coffee", 2012. Disponível em: https://www.flickr.com/photos/haldanemartin/8071110424/in/set-72157631731838016.

MARTINS, Ana Luiza. *Historia do café*. São Paulo: Contexto, 2008.

MCCARTHY, Allison. "Common Grounds: Design Trend in Third Wave Coffee Shops Is Percolating". Em *SF Gates – Living*, 10-4-2014. Disponível em: http://www.sfgate.com/style/article/Common-grounds-Design-trend-in-third-wave-coffee-5375411.php.

MENDES, Jaime. "A transformação das livrarias no Brasil: do livro ao...". Disponível em: http://anl.org.br/web/exibe_noticia.php?id=400.

MOHN, Tania. "Growing Number of Bike Cafés Gear up to Serve Cyclists". Em *Active Travel on NBCNews.com*, 10-3-2011. Disponível em: http://www.msnbc.com/id/41953889/ns/travel-active_travel/t/growing-number-bike-cafs-gear-serve-cyclists/#.VKbimnsYEzw.

MOREIRA, Marília. *Retrospectiva: 50 anos de café e Brasil*. Santos: Museu do Café do Brasil, 2006.

MORIONDO, Claudia *et al*. *Nespresso Coffee Codex: the Art of Tasting Coffee and Its Harmonization*. S/l.: Nespresso Club, 2009.

O CENTENÁRIO da Melitta: a história de uma empresa de produtos de marca. Trad. Catia Kroll Taliani. Minden: Grupo Empresarial Melitta, 2008.

OLDENBURG, Ray. *The Great Good Place*. 2ª ed. Nova York: Marlowe, 1997.

OLIVEIRA, José Teixeira de. *História do café no Brasil e no mundo*. Rio de Janeiro: Francisco Alves, 2004.

PAAJANEN, Sam. "The Evolution of the Coffee House: the Origins and History of the Humble Coffee Shop". Disponível em: http://www.coffeetea.about.com/od/history1/a/shophistory.htm.

RIBONS, Hilary. "Why These Successful Boston Coffee Shops Don't Offer Free WiFi", 15-4-2014. Disponível em: http://bostinno.streetwise.co/2014/04/15/why-these-successful-boston-coffee-shops-dont-offer-free-wifi.

"SAMSUNG Electronics and illycaffè to Announce Worldwide Partnership", 20-1-2014. Disponível em: http://www.samsungmobilepress.com/2014/01/20/Samsung-Electronics-and-illycaffegrave;-to-Announce-Worldwide-Partnership-1.

STANDAGE, Tom. *História do mundo em 6 copos*. Trad. Antonio Braga. Rio de Janeiro: Jorge Zahar, 2005.

"STARBUCKS First European Concept Store to Open in Amsterdam". Em *Starbucks Newsroom*, 5-3-2012. Disponível em: http://news.starbucks.com/news/starbucks-first-european-concept-store-to-open-in-amsterdam.

"THE 38 ESSENTIAL Coffee Shops Across America", 30-4-2014. Disponível em: http://www.amberambrose.com/wp-content/uploads/2014/05/The-38-Essential-Coffee-Shops-Across-America-Eater-38-Eater-National.pdf.

"THE BANK – Amsterdam. Starbucks Coffee Experience 'Laboratory' to Open at New Concept Store in Amsterdam". Disponível em: http://en.starbucks.nl/coffeehouse/store-design/amsterdam-bank.

"THE COFFEE House Culture of Vienna". Em *Vienna City Tours*. Disponível em: http://www.viennacitytours.com/the-coffee-house-culture.html.

TOGNI, Marco Antonio. "O café e a imigração no Brasil". Disponível em: http://www.markcafe.com.br/o-cafe/historia/1117-ocafeeaimigracaonobrasil.

TORRES, Paulo Magno da Costa. "Economia cafeeira". Disponível em: http://www.coladaweb.com/historia-do-brasil/economia-cafeeira.

UKERS, William H. "Coffee Houses of Old Philadelphia". Em *All About Coffee*. Disponível em: http://www.cluesheet.com/All-About-Coffee-XIV.htm. [Ed. original: Nova York: The Tea and Coffee Trade Journal Company, 1922.]

WALTON, Stuart; OLIVIER, Suzannah; FARROW, Joanna. *The Bartender's Companion to 750 Cocktails: Classical Mixes, Smoothies, Juices and Blended Drinks*. Londres: Hermes House, 2005.

WHAT'S in store for the future of café culture?". Em *Speciality Food*, 15-9-2021. Disponível em: https://www.specialityfoodmagazine.com/food-and-drink/the-future-of-cafe-culture.

WCE Competitions Operations Committee. *2014 World Barista Championship Official Rules and Regulations*. Disponível em: http://www.worldbaristachampionship.org/wp-content/uploads/2014/05/2014-WBC-RULES-AND-REGULATIONS.pdf.

FÔLDERES E MATERIAL DE DIVULGAÇÃO DE CAFETERIAS

Café Imperial, Praga.
Caffè Tommaseo, Trieste.
Città D'Arte Ascoli Piceno, Caffè Meletti, Ascoli Piceno.
Coffee & More, McCafé, Salzburgo.
Confetteria Baratti & Milano, Turim.
Kavárna Obecní dum, Municipal House, Praga.

SITES

https://www.abics.com.br/
http://www.astoriamaquinas.com.br
http://www.australianinteriordesignawards.com
http://www.baristamagazine.com
http://www.bethcafe.blogspot.it
http://www.cafedoponto.com.br
http://www.chemexcoffeemaker.com
https://www.coffeeinstitute.org/
http://www.collezionecaffecagliari.it
http://www.eater.com
http://www.facebook.com/frasier
http://www.foolscapstudio.com.au
http://www.frenchfood.about.com
http://www.hario.jp
http://www.keepcup.com.au
http://www.lilla.com.br
http://www.melbournedesignawards.com.au
http://www.mysteriouscroatia.wordpress.com
http://www.myczechrepublic.com
http://www.nuovasimonelli.it
http://www.prague-spot.com
http://www.probat.com
https://sca.coffee/
http://www.synesso.com
http://www.workshopcafe.com
https://www.worldaeropresschampionship.com
https://www.worldbaristachampionship.org
http://www.zagreb-touristinfo.hr

CRÉDITOS DAS IMAGENS

Eliana Relvas: pp. 37, 39, 41, 45, 46, 55, 56, 72-73, 77, 80, 92-93, 94, 95, 97, 99, 100, 105, 106 e 108.

Miriam Gurgel e Amato Cavalli: pp. 15, 17, 19, 28, 42, 48-49, 52, 59, 85, 87, 102, 109, 115, 118, 119, 121, 122, 124-127, 129, 132, 133, 138, 139, 140, 142, 143, 145, 146, 147, 148, 150, 151, 152, 153, 161, 163, 164, 176, 177, 179, 182, 183, 186, 188, 191, 195, 197, 198, 199, 200, 201, 202, 204-205, 206, 211, 213 e 214.

© The Barn: p. 31; © Andrea Marrey: p. 33; © Eduardo Olímpio dos Santos: p. 33; © Café Container: p. 43; © Rodrigo Melhado: p. 51; © Frederico Canepa: p. 57; © La Marzocco srl: p. 100; © Wagner Pinheiro, p. 154; © Dôme Coffees (Adria Harper): p. 158-159; © Caffè Pascucci Torrefazione S.p.A.: pp. 170-171 e pp. 184-185; © Mickey Hoyle e Haldane Martin: pp. 174-175; © Illy Caffè: p. 181; © Zappi's Bike Café: p. 190; © Pet Lovers Café: pp. 192-193; © Loacker Moccaria: p. 194.

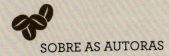

SOBRE AS AUTORAS

Eliana Relvas

Formada em engenharia de alimentos pela Escola de Engenharia Mauá, pós-graduada em administração industrial, pela Fundação Carlos Alberto Vanzolini – USP, e em gastronomia, pela FMU. Eliana é barista, degustadora e profissional especializada em avaliação sensorial de café – cupping judge, pela SCAA. Desde 2004, é consultora de cafés para o Grupo Pão de Açúcar e várias indústrias de café no Brasil. Em 1996, iniciou sua carreira com a montagem do primeiro centro de treinamento de café do Brasil, o Centro de Preparação de Café – SP. Atualmente, realiza palestras e cursos pelo Brasil para a divulgação do Café.

Miriam Gurgel

Formada em arquitetura pela Universidade Mackenzie, em São Paulo, e em treinamento e avaliação (certificate IV in training and assessment) pelo Central TAFE, em Perth, Austrália. Fez cursos de aperfeiçoamento em architettura d'interni e lighting design, em Milão. Foi professora na Escola Panamericana de Arte, em São Paulo, e na Universidade Moura Lacerda, em Ribeirão Preto. Lecionou diferentes disciplinas de arquitetura e design nos cursos de extensão da University of Western Australia (UWA) e de building design no Central TAFE, ambos em Perth, onde reside e desenvolve seus projetos há 15 anos. Escreveu *Projetando espaços: guia de arquitetura de interiores para áreas residenciais*, *Projetando espaços: guia de arquitetura de interiores para áreas comerciais*, *Projetando espaços: design de interiores*, *Organizando espaços: guia de decoração e reforma de residências* e *Design passivo: baixo consumo energético*, todos pela Editora Senac São Paulo, obras utilizadas como referência em diferentes universidades de arquitetura e cursos de design de interiores do Brasil.